La réédition de cet ouvrage a été réalisée sur la demande de la Classe de Philo du Collège Jean Price Mars et de l'Inter-Philo de 1976 - 1977, dans le cadre des manifestations commémorant le Centenaire de la Naissance de l'Oncle 15 Octobre 1876 — 15 Octobre 1976.

Marie Madeleine PRICE-MARS

A

Madame Ida **FAUBERT**

Hommage Respectueux

PRÉFACE

L'une des choses qui m'ont le plus vivement impressionné, au retour de ma mission en France, il y a deux ans, c'est le désarroi dans lequel j'ai trouvé l'élite de ce pays depuis l'intervention américaine dans les affaires d'Haïti.

On était en droit de croire qu'après le vote de la Convention haitiano-américaine dont l'apre discussion avait aggravé la division des hommes de pensée, « l'ère nouvelle » eut amené la quiétude et la paix dans la conscience de ceux au moins qui en ont été les partisans sincères et désintéressés. Chez beaucoup de ceux-là comme chez leurs adversaires d'hier, j'ai été stupéfait de rencontrer la même note de lamentations et de scepticisme. Chez les uns et les autres, j'ai recueilli, combien de fois hélas ! le même propos amer qui revenait sur leurs lèvres tel qu'un leit-motiv : « *il n'y a plus rien à faire.* »

En outre, j'ai cru remarquer dans l'attitude de la plupart des gens, en même temps que ce renoncement à l'effort, un fléchissement de la volonté de vivre, une sorte d'aspiration vers la mort pour se délivrer des craintes de l'avenir. Même parmi les rarissimes bénéficiaires de la situation présente, j'ai cru déceler quelquefois des inquiétudes, des malaises à peine fardés d'une assurance toute extérieure. Il m'a semblé que cet état d'âme était gros de conséquences pour l'existence du peuple haitien et j'ai résolu de le combattre par une campagne de relèvement moral dans la presse et à la tribune des salles de conférences.

De cette préoccupation est né le petit ouvrage que je livre aujourd'hui au public grâce à la générosité de ceux qui ont bien voulu m'honorer de leurs sympathies en souscrivant à sa publication. Je les en remercie vivement. Il est également né de la collaboration de ceux qui m'ont aidé à bâtir mes enquêtes sociales. S'il pouvait avoir quelque mérite, je le reporterais à leur bienveillante assistance. Mais je sais qu'il est très insuffisant et très inférieur à la haute ambition dont je me suis nourri. La faute en est moins à l'intérêt des sujets que j'ai essayé de traiter qu'à l'indigence de mes moyens Du moins, s'il ne peut pas se réclamer de l'autorité d'un grand talent, j'y ai mis l'ardente sincérité de mon cœur. J'aurais été heureux qu'on y retrouvât, entr'autres choses, ma profonde conviction que notre salut dans la crise que nous traversons ne se trouve nulle part ailleurs qu'en nous mêmes.

Sans doute, quelques unes des idées sur lesquelles nous avons vécu jusqu'ici ont été violemment heurtées par les faits. Dans ce sens, je signalerai notamment l'idée que nous nous sommes faite de l'*Etat*. Nous l'avons conçu comme une très haute abstraction en y incarnant des attributs de la Divinité elle-même : la toute puissance et l'omniscience. Sentant d'instinct, cependant, que l'Etat, ne vaut en définitive, que ce que valent les hommes qui détiennent le Pouvoir, et malgré des déceptions répétées, nous mettions, tout de même, notre ultime espérance dans l'attente de Celui qui viendrait, un jour, réaliser nos espérances les plus chimériques et nos aspirations les plus extravagantes C'est tout cela que nous renfermions dans les formules : *l'ère nouvelle, adaptation au progrès, a la civilisation moderne etc* dont est saturée notre spécieuse phraséologie politique et qui se retrouve périodiquement avec une déconcertante persistance dans les programmes, les discours, les proclamations, les décrets et les lois depuis 1804.

Or l'aventure dramatique de 1915 a eu pour résultat immédiat de nous mettre face à face avec une autre conception de l'Etat : c'est celle qui, poussée dans ses conséquences extrêmes et idéales, réfrène et limite l'action du Pouvoir en des conditions et en des domaines déterminés et laisse à l'activité de l'individu le plus complet épanouissement. Elle est particulièrement en honneur dans quelques unes des sociétés anglo-saxonnes...

Il est évident que l'intervention américaine dans nos affaires devait fatalement amener une confrontation des deux doctrines et opérer la substitution de l'une à l'autre. C'est ce dont beaucoup d'haïtiens ne se rendent pas un compte exact. Cependant comme il est malaisé, en pra-

tique, de changer en un tour de main les habitudes et
les mœurs d'un peuple, comme il est également difficile
à la nature humaine d'opérer sur soi des réformes radi-
cales, il se trouve que le moins que l'on puisse dire de
la situation actuelle c'est que les nouveaux principes de
gouvernement ont fait un curieux mariage avec les méthodes anciennes

L'État n'a rien perdu ni de son antique prestige ni de
sa redoutable toute puissance; les citoyens, eux, ont trop
l'occasion de se souvenir de l'ancienne manière sans même qu'ils puissent escompter que les hasards de la politique
peuvent, le cas échéant, leur laisser le bénéfice éventuel de
quelques grosses prébendes. Là réside l'une des principales causes de l'incertitude et du désarroi qui règnent dans
les esprits.

La campagne que j'ai entreprise n'a d'autre but que de
demander à l'élite de se ressaisir et de ne compter que sur
elle-même si elle veut garder son rôle de représentation
et de commandement.

Pour atteindre ce résultat, il lui faut notamment renoncer aux antagonismes factices de classes et de partis
politiques et s'associer selon toutes les modalités de l'activité humaine. Certes, on peut différer d'opinion sur telles ou telles doctrines, sur l'opportunité ou l'inopportuni-
té de leur application. Ces divergences de vue doivent-elles
nécessairement amener à leur suite des haines, des partis pris, des campagnes humiliantes de dénigrement et de
calomnies ? Ne peut-on point ne pas partager les sentiments de telle ou telle personnalité sans incriminer l'honnêteté de ses intentions, sans la vouer à l'exécration publique ?

Que si la vie haïtienne offre à l'observateur le triste
témoignage de mœurs d'apaches, c'est précisément quand
elle montre le spectacle des lâchetés auxquelles l'élite se
prête pour la possession de l'assiette au beurre. Toute mon
ambition serait de rappeler cette élite à la dignité simple
de sa vocation en lui conseillant un meilleur usage de sa
valeur morale, sociale et intellectuelle.

Je souhaiterais donc que les études publiées dans ce volume contribuassent à réaliser un si noble dessein. Si je

pouvais convertir un seul homme à mes idées, j'estime-
rais que mon effort n'a pas été vain.

Quoiqu'il en soit, cependant. je tiens à dire que rien
n'a été plus loin de ma pensée que de ravaler la discussion
des idées que j'ai essayé de faire valoir à des soucis de
polémique.

Je serais flatté qu'elles fussent ainsi comprises. Je me
suis peut-être souvent trompé. On excusera mes erreurs
en considération de ma bonne foi. . .

D'autre part, j'ai joint aux cinq premières Conférences
deux autres que j'ai jadis prononcées aux réunions post
scolaires de l'alliance française.

Encore qu'elles ne dérivent point de la même préoccupation que les premières, elles ne concernent pas moins notre devenir de peuple étant donné qu'elles ont eu pour but
de vulgariser les recherches scientifiques sur le problème
des races et qu'elles ont essayé de déterminer la position
que la race haitienne occupe dans les solutions proposées.

S'il faut rappeler l'expression ambitieuse de Janvier, à
savoir que nous représentons dans l'histoire universelle
une curieuse « expérience sociologique », et bien qu'il soit
de très bon ton, en ce moment, de bafouer la générosité
de pareilles idées, j'espère qu'on en voudra pas tout de
même aux hommes de pensée qui, de temps à autre, es-
saient de faire la mise au point des doctrines scientifiques
dans lesquelles l'exemple de notre peuple est signalé comme une preuve de l'aptitude ou de l'inaptitude de la race
noire à progresser.

LES POSTULATS
D'UNE ÉDUCATION SOCIALE

Conférence prononcée a Parisiana
le lundi 2 Avril 1917.

M. M.

Quelques-uns de mes amis, très alarmés du malaise dont souffre notre démocratie, ont justement compris qu'il était urgent de mettre à l'étude les questions qui intéressent les œuvres vives du pays, afin de créer un mouvement d'idées, de sentiments et d'aspirations dont la fin ultime est l'organisation des forces morales de la nation, en leur donnant une conscience plus claire de leur capacité d'action et de résistance et en amenant la pensée nationale à une méditation plus méthodique et plus profonde des problèmes nouveaux qui sollicitent son attention.

C'est pour travailler à cet ouvrage ambitieux dont les plans vous seront révélés au cours de nos entretiens, que je viens vous demander de nous consacrer quelques parcelles de votre temps et beaucoup de votre bonne volonté. Dans cette intention, mes amis m'ont fait l'honneur de me confier l'inauguration d'une série de conférences et j'ai cru que je ne pouvais mieux répondre à leur attente, que d'essayer de fixer, devant vous, les postulats d'une éducation sociale.

Mais d'abord, pour justifier la prétention d'appliquer telle réforme éducationnelle à une société quelconque, il faut par l'analyse ou la synthèse,

mettre en lumière les défauts et les qualités de
cette société, et ensuite préconiser les moyens
qui paraissent les plus aptes à féconder ces
qualités et à combattre ces défauts Pour y parvenir
rien ne me parait plus indiqué que de dégager
lés faits essentiels qui ont marqué sa naissance et
dominé son évolution.

En ce qui nous concerne, particulièrement, nous
devons nous interroger à savoir de quoi est faite
notre société! Quelles sont ses origines?

Sont-elles enveloppées de légendes et perdues
dans la nuit des temps comme telles sociétés anti-
ques? Ou bien pouvons-nous en suivre le développement à travers l'histoire aussi aisément que celui
de ces agglomérations humaines, fraîchement établies sur les terres australasiennes ou ailleurs, par
exemple ? Est-elle formée d'agrégats successifs
dont le noyau primitif serait pareil à ces farou-
ches pélerins venus dans le nouveau monde pour
assurer l'épanouissement de leur liberté de conscience? — C'est ce que nous étudierons ensemble
dans la première partie de cette conférence et, si
au cours de notre démonstration, nous arrivions
a établir la valeur intrinsèque de chacun des facteurs dont est fait notre peuple haïtien, nous au-
rons, du même coup, mis en évidence les causes
lointaines de notre malaise actuel et nous pour-
rons plus facilement nous excuser de vous en pro-
poser le remède par une éducation sociale.

Mesdames,
Messieurs,

De nombreuses et lumineuses études ont été
consacrées aux origines de notre nationalité. Historiens, philosophes, politiques ont démontré avec
un luxe de détails dans quelles circonstances excep-
tionnelles nous avons pris naissance, et quelles
luttes héroïques nous avons soutenues pour cons-
tituer notre personnalité politique. Mais, à moins

que je ne m'abuse, on ne s'est pas suffisamment
arrêté, à mon gré, sur l'étroite corrélation qui
existe entre la structure intime de la société coloniale et de notre société haïtienne qui est, en quelque
sorte, la fille bâtarde, indésirée, et inattendue de
la première. On a tôt fait d'énoncer une évidence
historique lorsqu'on proclame que l'ancienne colonie de Saint-Domingue était divisée en trois classes, dont celle des blancs, celle des affranchis et
celle des esclaves — encore faut-il expliquer non
seulement de quels éléments fut composée chacune
de ces classes, mais aussi de quelles influences
réciproques elles ont pu se pénétrer les unes les
autres et rechercher, en suite, si l'esprit dont elles
étaient animées n'a pas survécu dans la société
haïtienne, soit d'une manière précise et formelle,
soit à l'état de simples tendances ou de suggestions.

Il reste donc bien entendu que Saint-Domingue
fut une colonie esclavagiste, étayée sur le régime
des castes légalement organisé et socialement soutenu par la nature des choses — si je peux ainsi
m'exprimer. J'entends dire que la dénomination
même de ces castes en *blanc, gens de couleur et noir*
signifiait qu'en dehors et à côté des interdictions
proprement légales, il y avait des distinctions d'un
caractère étroitement ethnique qui tenait à la
couleur de l'épiderme des trois classes sus-dé-
nommées. Je me hâte d'ajouter que ce serait avoir
une conception trop simpliste du régime colonial
que de s'en tenir à cette sommaire constatation.
Le fait est que, malgré des sanctions sociales humiliantes, la nature s'est moquée des barrières
artificielles élevées entre les différentes couches
de la société de Saint Domingue. La preuve en
est à l'inter-pénétration qui s'effectuait entre elles
tantôt ouvertement, le plus souvent d'une manière
clandestine. La preuve en est à la gradation des
tons qui a inspiré au grand chartiste de l'époque
coloniale, à Moreau de Saint Méry, le savant travail de dosage, grâce auquel il se vantait de met-

tre chacun en mesure d'apprécier la proportion
de sang mêlé qu'on peut déceler chez un sacatra,
un griffe, un marabou, un mulâtre, un quarteron,
un métis, un mamelouc et un quateronné.

(Ce fut un brave homme, n'est-il pas vrai?)

Et puis, enfin, nous savons que dans la classe
des esclaves, du concubinage furtif du blanc et de
la négresse étaient nés des mulâtres qui suivaient
la condition de leur mère, et que la classe des
affranchis avaient une assez importante minorité
de nègres et, enfin nous n'ignorons pas que la
classe des blancs elle même, n'était pas d'une
intégrité ethnique irrécusable.

Il suffirait, à ce propos, de rappeler les procès
curieux auxquels donnait naissance les prétentions
de quelques hommes de couleur qui voulant franchir la barrière, cherchaient à s'enrôler dans la
milice, afin d'acquérir les honneurs au service
du Roy et se faire délivrer en fin de compte une
sorte de brevet de l'état de « blanc » Alors l'argument qu'on mettait en avant c'est que l'aïeule n'était
point une négresse, mais une noble fille de ca-
cique indien. Le tribunal jugeait et prononçait,
souvent, en faveur du réclamant dont l'éducation,
la richesse et la bonne tenue étaient d'ailleurs en
concordance parfaite avec les aspirations . . .

Ne nous empressons point Mesdames. Messieurs, de juger ces lointains congénères avec nos
idées actuelles et de les accuser de faiblesse ou de
lâcheté morale. Ce serait pire qu'une injustice, ce
serait une preuve d'inintelligence et d'inaptitude
psychologique. Il faut avoir l'esprit suffisamment
libre pour essayer d'entrer dans la peau du personnage et vivre de sa pensée. — N'est ce pas
qu'il est très humain qu'un individu qui en a les
moyens tâche de s'élever de l'état d'abjection où
l'injustice sociale veut l'aplatir au rang que lui
donnent ses mérites et ses qualités ? Que si la
comparaison avec la classe d'en haut met en relief,
les avantages qui marquent sa propre supériorité,

à lui, trois attitudes lui sont commandées: le mépris — un mépris où il entre tout à la fois un peu d'indifférence, un peu de hauteur et beaucoup de résignation; la haine — la haine alors inféconde et par conséquent inspiratrice de vengeance inavouable et secrète; et enfin le compromis. C'est ce dernier parti qu'adoptaient le plus souvent ceux dont nous parlons D'ailleurs, il est constamment à l'ordre du jour dans toutes les sociétés non seulement divisées en classe, mais aussi où des races différentes se trouvent en contact. Cuba et les Etats-Unis de l'Amérique du Nord sont célèbres par les procès étranges que suscitent ceux d'entre les Cubains et les Américains qui ont besoin qu'un arrêt de la Cour donne une authenticité légale à la couleur de leur peau

Si donc nos lointains congénères usaient de pareils subterfuges, cela était conforme à la nature des choses et il faut en rendre responsable la société dans laquelle ils vivaient . . .

Mais, de quels éléments était formée la classe des blancs dont le prestige exerçait une telle fascination sur les deux autres ?

Vous vous rappelez que les premiers français qui prirent pied sur notre sol furent des flibustiers et des boucaniers d'abord établis sur les côtes de la Tortue conquises de haute main sur les Anglais. Ce fut des gens rudes vivant assez unis entre eux, mais prompts à s'enflammer et à se faire justice par le coup de fusil à courte distance, osant d'intrépides randonnées sur les côtes voisines, écumant les mers pour entrependre la capture des vaisseaux chargés de butin dans tout le bassin et même au delà de la méditerrannée américaine. Ils furent les pionniers redoutables, les premières souches barbares de la colonisation française sur la terre de Saint-Domingue. On conte que vers 1641 leur nombre s'élevait environa de 3 à 4000 hommes, Mais savez-vous comment un gouverneur intelligent et énergique s'y prit pour adoucir lès

mœurs un peu sauvages de ces terribles aven-
turiers ? Il se souvint probablement de la senten-
ce de la Genèse et ne voulant pas, lui aussi, que
l'homme fût seul, il réc'ama du Gouvernement du
Roy, des femmes de France. Entendons-nous, cependant. Il est peut être un peu osé de désigner
les pauvres créatures importées alors dans ce pays
sous le prestigieux vocable de femmes de France
qui évoque à l'heure actuelle l'idée de tant d'héroïques vertus. Non, l'espèce qui vint à Saint-
Domingue fut très spéciale. Comment pourrais-je
plus clairement la qualifier sans braver votre
honnêteté ? Mettons si vous le voulez bien que ce furent « des étoiles éteintes, » des fleurs vénéneuses
écloses dans les fumiers de la Salpêtrière. Mais
ce qui rend la situation plus scabreuse c'est qu'elles
n'étaient pas nombreuses pour remplir la tâche
stoïque dévolue à leur bonne volonté. Elles n'é-
taient au grand maximum qu'une cinquantaine pour
les _ à 4000 hommes. (Ne pensez-vous pas que
ce soit là aussi un certain genre d'héroïsme)?

Donc Mesdames, Messieurs, le premier noyau de
la colonisation française à Saint-Domingue n'était
pas fameux quant à la valeur morale.

A ce premier fond, d'autres alluvions s'ajoutèrent
au fur et à mesure dans les années suivantes. Nous
voulons parler de ces ramassis d'individus, perdus
de dettes et de crimes qui furent recrutés presque
de vive force et emmenés, là-bas, en des conditions
onéreuses de servage économique. Ce furent les engagés de trente six mois, comme on les appelait parce qu'un contrat les liait à leurs patrons pour une
période de trois ans. Vous le comprenez bien, ceux
là non plus ne pouvaient avoir une tenue morale
exemplaire. Beaucoup d'entre eux d'ailleurs étaient
d'anciens repris de justice auxquels on vantait la
possibilité de réaliser une prompte fortune aux co-
lonies, en même temps qu'il y avait là un rapide
moyen de se réhabiliter en se rendant utiles à la
société. Ces malheureux furent vite ramenés au sen-

timent du réel quand ils virent à quel état de dépendance absolue ils étaient obligés vis à vis de leurs
employeurs. A part les engagés, Saint Domingue
avait attiré encore un nombre remarquable de for-
çats libérés. En résumé, le moins que l'on puisse dire du peuplement de la colonie, de son origine à la
période de 1700 environ, c'est qu'il était composé
d'éléments détestables.

Cela n'a nullement empêché ces gens d'en arriver à l'opulence la plus ostentatrice et la plus im-
pertinente. Ils s'en allaient en carosses, faisaient
bonne chère, se payaient des maîtresses et perdaient
d'abondance au jeu.

Mais, au moins, la fortune subite dont ces parvenus faisaient si grande parade l'avaient-ils acqui-
se au prix d'un honnête labeur? Hélas! que ne peut
on le dire ?

Il y a des faits, en ce qui concerne ces fortunes
coloniales, d'un pittoresque qui n'a rien à voir avec
la morale la plus accomodante.

Ne cite-t-on pas le cas de certains blancs devenus
très soudainement soucieux de laver l'honneur
des négresses qu'un précédent concubinage avec
des seigneurs généreux avaient laissé en possession
de solides écus ? Vous connaissez probablement
l'histoire d'un sieur Gascard-Dumesny, jeune gar-
çon chirugien, quelque chose comme un infirmier
subalterne, qui s'empressa d'épouser en justes noces une négresse de 72 ans parce que veuve *in par-
tibus* de Baptiste Amat, lequel avait laissé à sa négresse un bien d'un million.

Faut-il parler de l'origine de certaines autres fortunes subites ? Il faudrait alors demander à la cor-
respondance des gouverneurs Généraux les motifs
les plus justifiés de leurs doléances sur les contre-
bandes, les abus de confiance, le rapt des testaments
et autres sports de ce genre fort en honneur dans
la colonie. Ne croyez pas, je vous en prie, que l'immoralité des mœurs s'arrêtait à la catégorie de colons dont je viens de vous parler. Les officiers du

Roy eux-mêmes en prêchaient l'exemple. N'est ce pas M. de Gallifet, lieutenant du Roy au Cap, qui se rendit coupable de l'enlèvement d'une jolie négresse au mépris de l'édit de 1724 interdisant le concubinage entre maître et esclave, édit dont il avait à assurer l'exécution.

Et que dire des emplois officiels où il était commun de rencontrer des gens d'aucune instruction et d'aucune moralité ? Qui ne connait l'histoire de ce juge au conseil de Petit-Goâve qui ne savait ni lire ni écrire, de ce greffier appelé à établir des actes d'officier de l'état civil qui essaya de violenter la jeune mariée ? Combien d'autres exemples de gens qualifiés pour le bagne qui étaient revêtus de la redoutable mission de juger leurs semblables. Et enfin ce qu'il y a de plus grave, à mon sens, c'est que jusque dans le premier quart du 18e siècle, le Clergé lui-même était souvent représenté en certaines localités par les êtres les plus impropres à la haute tâche qui leur incombait.

Beaucoup d'ailleurs étaient au début du moins, d'anciens moines défroqués venus là pour des raisons autres que l'apostolat chrétien et qui compromettaient la dignité de leur mission en des entreprises condamnables.

Tel est en raccourci, Mesdames, Messieurs, le tableau un peu sévère de la société coloniale blanche de Saint-Domingue à la période qui avoisine ses débuts, c'est-à-dire depuis 1600 environ jusqu'au premier quart du 18e siècle.

Il est, en effet, juste d'ajouter que la période qui suivit 1725 et jusqu'à la Révolution, une autre catégorie sociale d'hommes plus relevée vint faire souche à St.-Domingue. Elle était, en général, d'une trempe morale infiniment supérieure à la précédente. Elle était plutôt composée de cadets de famille que leur emploi dans l'armée poussait vers l'émigration. Ils occupèrent au fur et à mesure d'importantes situations dans l'île et acquirent des terres, de la richesse et formèrent assez rapide-

ment cette aristocratie de naissance dont les noms
sont encore conservés à certaines propriétés haïtiennes : De Noailles, de la Ferronnays, Condé,
Gallifet, de Montholon, de Vaudreuil etc.

Mais ce que je tenais à démontrer dès l'abord,
c'est la disparate des facteurs qui ont formé la
classe blanche de Saint-Domingue de telle sorte
que pendant les deux siècles qu'elle a exercé la
prépondérance sociale et politique dans la colonie, elle n'avait pas acquis une homogénéité et
une valeur morale telle dans la refonte de ses
mœurs, qu'elle pût être un modèle de tout repos
pour les deux autres classes qui tiraient d'elle la
glorification de leurs qualités ou la justification
de leurs vices et de leurs hontes. . .

* *
*

D'autre part, vous savez que les affranchis tenai-
ent l'intermédiaire, entre la masse servile et les
maîtres. Ils étaient en grande partie des fils de
colons, nés de la luxure du patron, plus rarement
issus de son mariage légitime avec sa négresse.
Quelques uns avaient payé leur libération par leur
travail ou par la générosité reconnaissante d'un
grand seigneur. C'est ainsi que beaucoup d'affranchis de cette dernière catégorie de types étaient
des noirs qui étaient d'ailleurs comme les précé-
dents, industrieux, aisés et même possesseurs d'esclaves. Que les affranchis se fussent montrés intel-
ligents, économes jusqu'à s'élever à la hauteur d'une
classe capable de rivaliser quelquefois avec la classe blanche par la richesse et le savoir, c'est le témoignage que nous ont laissés les nombreuses plaintes qu'ils ne cessaient de produire pour réclamer
leur assimilation à la classe des colons et que jus-
tifiait le bien fondé de leurs ambitions. Ils rencon-
trèrent d'ailleurs de la part de ceux-ci une résistance et un entêtement aussi inintelligents qu'opiniâ-
tres qui furent au fond les principales raisons pour

lesquelles les affranchis s'allièrent aux esclaves à
un moment donné, et amenèrent le soulèvement
général. Vous savez que cette attitude fut le gage
certain de la fondation de notre nationalité. Que cependant les vices dont était pourrie la classe des
blancs ne fussent point inconnus dans celle des
affranchis, c'est ce que les mémoires du temps ne
nous laissent point ignorer quand ils nous parlent
de la vie fastueuse et débauchée de certains sang-
mêlés. Cela aussi était conforme à la nature des
choses.

* *

Reste enfin le monde noir. Il est plus difficile à
saisir parce qu'il n'a jamais eu d'état civil. Venus
des côtes et des profondeurs de l'Afrique, recrutés
de vive force, parmi des clans et des tribus hostiles, ne possédant ni les mœurs, ni le langage
pareils, Sénégalais. Congolais, Dahoméens, Guiné-
ens, Bisagots etc n'avaient de commun que le triste
état de bestiale servilité auquel les avait réduits
la férocité humaine.

Monde noir, ai-je dit ? Cela aussi est un péché
de rhétorique, car même la couleur de leur peau
s'en allait se différenciant du brun chocolat, du
chocolat clair au noir d'ébène ou au rouge brique.

Quel était leur état de civilisation antérieur à
leur importation à Saint-Domingue ?

Intéressante question qui nous eut amenés Messieurs à des découvertes renversantes si le cadre
de cette conférence, nous eut permis d'en esquisser
seulement la réponse. Retenons cependant que
tous ces nègres n'étaient pas confondus d'ignorance et de fétichisme comme nous l'a appris l'information erronée des annalistes de l'époque, trop
niaisement répétée par certains écrivains modernes. Beaucoup pouvaient se vanter d'avoir connu
un état social infiniment supérieur non seulement
à l'esclavage mais même au clan ou à la tribu.

Sans compter que quelques uns d'entre eux étaient des captifs de guerres locales, fils de rois, chefs ou fils de chefs que le sort avait jetés dans la cale sordide du navire négrier. Mais, il convient d'ajouter sans plus tarder, qu'un très grand nombre, probablement le plus grand nombre, étaient dans un état d'hébétude ou de torpeur que la servitude avait aggravés.

Vous connaissez, la plainte d'un esclave du Nord qui avait été roué de coups, parce qu'on lui avait reproché d'avoir maltraité sa mule : (1) *Moin cé esclave à blanc, milet cé esclave á moin !* Hélas ! le malheureux risquerait la meningite si on le forçait d'aller au delà de cette logique rudimentaire.

Nous retiendrons, toute fois, l'expression crue de l'influence que les violences d'en haut avaient exercée sur ces âmes frustes.

Cela nous dira également combien les vices et les turpitudes des classes supérieures devaient être imités dans le monde noir où l'instinct ne trouvait aucun obstacle intérieur à son libre développement.

Voilà Mesdames, Messieurs, trop hativement exposés à mon gré les traits essentiels de la société coloniale—du point de vue qui nous occupe, au moment où a éclaté la révolte qui, par des fortunes diverses, nous a amenés à l'indépendance haïtienne.

Saint-Domingue disparut dans la tourmente, Haïti naquit sur ses cendres.

Des trois classes dont était composée l'ancienne société coloniale l'une fut vaincue, dispersée, dépouillée de ses biens et de ses préorgatives. Ce fut la classe blanche. Elle disparut non seulement en tant que caste, mais légalement tout au moins — elle n'exista plus ni comme force ni comme dénomination sociales.

Rappelez-vous les articles 12 et 13 de la Constitution impériale de l'an II.

_____

(1) Je suis l'esclave du blanc, la mule est mon esclave.

Art : 12.—Aucun blanc, quelle que soit sa nation ne mettra le pied sur ce territoire, à titre de maitre ou de propriétaire et ne pourra à l'avenir y acquérir aucune propriété.

Art : 13.— Toute acception de couleur parmi les enfants d'une seule et même famille dont le Chef de l'Etat est le père, devait nécessairement cesser, les Haïtiens ne seront désormais connus que sous la dénomination générique de noirs d'Haïti »

. .

Vous le voyez Mesdames, Messieurs, la fiction constitutionnelle, selon le bon plaisir de S. M. Impériale, fit de nous tous, en l'an 1805, des noirs d'Haïti. Mais, ne nous laissons point griser par la piperie des mots et voyons un peu l'état réel de notre société à cette époque de 1805, après les guerres et la proclamation de l'Indépendance haïtienne.

D'abord, le grand fait social, ce ne fut pas seulement l'abolition de l'esclavage, mais ce fut aussi la transformation du régime de la propriété en conséquence même de la transformation du régime du travail.

La grande propriété avait supporté le poids de toute la guerre de destruction. Les champs avaient été pillés, saccagés, incendiés par les ateliers en révolte. A la cessation des hostilités, il fallut songer à reconstruire. Tâche délicate, s'il en fut Quelqu'un osa s'y essayer. Ce fut notre Toussaint-Louverture.

Il voulut réorganiser la société en maintenant le cadre antérieur d'une classe de grands propriétaires blancs auxquels se mêleraient les dignitaires de l'Etat : généraux, commandants d'armée et fonctionnaires civils— tout en réglementant étroitement, durement le nouveau régime du travail obligatoire et salarié— lequel était au fond, un pur régime de contrainte. C'est— on l'a dit avant moi,— la principale cause de l'échec de Toussaint contre l'expédition de Leclerc. Mais, que firent les autres chefs, les successeurs du Gouverneur général ?

Ils distribuèrent aux généraux des terres plus ou moins morcelées, en les morcelant d'avantage dans l'Ouest et dans le Sud que dans le Nord.

Christophe lui, institua dans son royaume une noblesse héréditaire et terrienne, ce pendant que la plèbe au profit de laquelle la Révolution avait été apparemment faite semblait, elle, restée attachée à la glèbe, soit en qualité de métayers soit en qualité de domestiques à gages. Mais méfions-nous. Ce n'est qu'une apparence. Car l'autre grand fait social qui jaillit des tragiques événements, c'est la participation de la plèbe à l'avènement du Monde Nouveau.

Du jour, en effet, où la révolte générale militarisa toutes les énergies, la confusion des rangs sociaux devait en être une conséquence inéluctable. Seuls devenaient dignes du respect et propres au commandement ceux que leurs aptitudes guerrières, leurs talents d'organisation, leur ascendant sur les insurgés mettaient hors de pair. Ceux-là étaient de vrais conducteurs d'hommes. Vous savez qu'il en est sorti de tout premier ordre de la masse des esclaves : d'abord un génie, Toussaint-Louverture, puis les Capoix, les Dessalines, les Christophe qui confondirent leurs aspirations avec celles des Pétion, des Beauvais, des Rigaud etc . . . Mais alors qu'advint-il ?

Lentement sans qu'ils s'en rendissent compte ces chefs groupèrent autour d'eux d'autres hommes qui constituèrent avec eux, une élite, l'élite sociale, à qui la fortune, le pouvoir et quelque fois l'éducation devaient attribuer des privilèges de classe.

Voilà comment si je ne m'abuse, il est aisé d'établir la filiation de notre société actuelle avec la société coloniale.

Je n'aurai garde cependant de pousser trop avant les analogies et les déductions. Je n'ignore pas que je parle de phénomènes complexes et qu'il serait ridicule d'enfermer une matière si mouvante dans la commodité d'une formule d'école.

Qu'il y ait des différences notables entre les deux sociétés dont j'ai essayé de démontrer la parenté, cela tient non seulement à la différence des époques mais aussi aux principes d'évolution interne auxquels obéissent tous les organismes vivants. Que, d'autre part, nous avons hérité de la société coloniale certaines tendances qui sont de nos jours des anachronismes inquiétants, nous en avons pour preuve cette sorte de piétisme moral qui nous fait nous dégager de toute solidarité avec ceux d'en bas, comme pour ne pas nous compromettre en mauvaise compagnie alors que cependant nous sommes prêts à faire mille avances au blanc de quelque provenance qu'il soit, sans même lui demander son état civil ou son casier judiciaire !

Qu'enfin nous fassions remonter jusqu'à l'époque coloniale notre goût traditionnel du faste et de l'ostentation, ce serait peut être un peu osé car nous pourrions tout aussi bien et plus légitimement, à mon gré, en demander compte à la psychologie du nègre haïtien et à l'orientation contestable de son éducation. Mais où l'analogie me paraît le plus fondée c'est quand je réfléchis sur l'indifférence avec laquelle nous considérons la servitude politique et économique des masses populaires et paysannes et que je la compare au détachement des maîtres d'autrefois de tout ce qui ne concernait pas la capacité de production matérielle de leurs esclaves. C'est, ce me semble, la même inhumanité, la même incapacité de comprendre l'intérêt bien entendu.

Or, ce phénomène social constitue, à mon sens, un danger extrêmement grave dont il convient de nous défendre—danger de dissociation des éléments qui assurent l'existence de la Cité, danger de destruction de la Cité elle-même.

Il est, en effet, avéré que lorsqu'un peuple ne sent pas d'instinct le besoin de se faire une âme nationale par l'intime solidarité de ses diverses couches, par leurs aspirations communes vers quelque haut idéal--même chimérique,--lorsqu'au contraire ce peuple se trouve divisé en des parties à peu près distinctes—la classe dirigeante se désintéressant du sort des masses, celles-ci ignorant même l'existence de la première parcequ'elle n'a avec elles que des rapports purement économiques —ce peuple est en imminence de désagrégation. Il suffit alors qu'un danger extérieur menace son existence nationale pour que chacune des parties sollicitée par ses propres intérêts ne trouve point en elle l s forces internes d'attraction qui eussent été seules capable de l'attirer aux autres afin de les grouper en un faisceau de résistance n ême morale contre l'invasion de leur sol, sous quelque forme qu'elle se présente,

C'est pour avoir constaté ce danger dans la crise que nous traversons que j'ai pensé à chercher un moyen de l'enrayer.

Je me hâte de dire que je n'en vois qu'un seul ; l'éducation. Cependant ne confondons pas. Je ne viens pas ici recommander la fondation de nouvelles écoles, ni même l'organisation de celles qui existent—encore moins vanterai-je tel ou tel système de pédagogie Sans doute, cela aussi pourrait être à la rigueur, une manifestation d'éducation sociale et je m'empresse de déclarer qu'elle n'en serait ni la moins profitable, ni la moins indiquée. Mais comme il est facile de faire l'accord sur ces différentes formes de notre activité, je veux appeler votre attention sur quelque chose d'autre.

II

Car, j'entends par éducation sociale une discipline à laquelle doit se soumettre chaque individu et qui soit apte « à le conduire vers son semblable afin de réaliser en commun l'idéal de Paix et de Raison en dehors duquel il n'y a que violence et inertie de commande » (1) J'entends par éduca-tion sociale la victoire que nous devons remporter sur notre répugnance à traiter avec justice et humanité ceux avec lesquels les relations de chaque jour nous mettent en contact : domestiques ouvriers, paysans

J'entends, enfin, par éducation sociale la disci-pline que nous devons nous imposer, l'obligation que nous devons contracter envers nous-mêmes de participer soit directement soit indirectement à la création et à l'entretien des œuvres qui ont nette-ment pour visée une atténuation de misère maté-rielle ou morale : œuvres post-scolaire, écoles du soir, fondation de crèche et d'ouvroirs, patronages de dispensaires et de ligues contre les maladies qui s'attaquent à la vitalité biologique de la race : la tuberculose, l'avarie, l'alcoolisme etc.

Vous le voyez, de telles disciplines n'impliquent pas la nécessité que les individus qui en bénéfi-cient sachent d'abord lire et écrire. Au contraire nous leur sommes redevables de plus de sympa-thie et de plus de bonté en raison directe du lourd tribut qu'ils paient à l'ignorance. Car, dites-vous bien que le seul étalon auquel on puisse mesurer la valeur d'une élite c'est son utilité sociale. Si jamais dans votre âme et conscience vous n'avez jamais été inclinés à une sérieuse méditation de ces problèmes d'éducation sociale tels que j'ai essayé d'en définir les postula's devant vous eh bien, j'adresse ce soir un fervent appel à votre bon sens et à votre Raison afin que désormais votre pitié se penche sur les humbles moins comme une aumône de votre élégance lassée, que comme une manifestation de votre devoir le plus haute-ment compris et le plus fermement accepté.

---

(1) J. Delvaille—La vie sociale.

.*.

Cependant faisons cette hypothèse. Admettons
que dans un éclair de votre intelligence et dans
la générosité de votre cœur, vous preniez dès
maintenant le ferme propos de glisser dans vos
rapports avec ceux d'en bas un peu plus de bonté
et un peu plus de douceur, auriez vous par là réa-
lisé la paix morale, cette paix des consciences
tranquilles qui est l'idéal vers lequel doivent tendre les aspirations de tous les hommes de bonne
volonté ?

Certes. vous eussiez accompli par votre geste
un acte de haute clairvoyance pourvu néanmoins
qu'il ne soit pas une manifestation soudaine de
cette forme un peu niaise et brouillonne de l'activité mondaine qui s'appelle le snobisme. Se donner l'air de faire quelque chose, prendre telle ou
telle attitude parce que c'en est la mode. je ne con-
nais rien qui ne soit ni plus méprisable, ni plus
inconsidéré Non. ce que je vous demande est à
la fois plus élevé et plus pratique.

.*.

J'ai parlé de discipline tout à l'heure. Ne croyez
pas que ce soit un vain propos. Toute discipline
requiert un effort et quelquefois un effort doulou-
reux : c'est la lutte sourde contre de chères habitudes, c'est le conflit entre des intérêts divergents,
c'est la guerre intestine parmi les motifs d'action.
Eh ! bien, pour que nous soyons certains de la
victoire, je veux dire pour que nous adoptions
une discipline intérieure, il faut que chacun commence par la réforme de soi-même en dressant un
bilan scrupuleux de ses propres défauts et en leur
livrant une guerre acharnée et sans merci. Le principal résultat d'une telle méthode, c'est dans un
court délai l'amélioration de soi et n'est-ce pas
que chaque individu amélioré devient une condition de la grandeur de la société ? Or, de ceci,

nous avons l'intérêt le plus immédiat et le plus
urgent, étant donné la responsabilité de notre
mission de classe dirigeante en vertu même de-
notre développement historique ainsi que je me
suis efforcé de le démontrer C'est donc une situation
de fait. Eh bien, il ne s'agit plus d'expliquer mais
de justifier le fait en lui donnant la force du droit.

Par quoi donc pourrait se justifier les privilèges
corrélatifs de ce droit si nous qui en jouissons, nous
étions pauvres en aptitude de commandement et
médiocres en valeur morale. Et qui d'entre nous
oserait prétendre en notre âme et conscience que
nous sommes irrépréhensibles à ce double point
de vue ?

D'ailleurs il est un critérium éprouvé, un signe
certain de la dignité des élites à leur fonction de
direction, c'est leur outillage intellectuel.

De quoi donc est fait le nôtre ?

*
* *

Vous savez que l'outillage intellectuel d'un peuple n'est pas seulement formé du nombre de ses
écoles primaires et secondaires, de ses facultés de
hautes études, de ses laboratoires scientifiques où
se confinent quelques savants, mais il comprend
aussi les moyens et les modes de propagation de
la pensée humaine : publications de toute sorte,
journaux, revues, livres, dessins, cartes, musées,
bibliothèques, théâtres. Il m'a paru intéressant de
me renseigner sur nos productions littéraires,
scientifiques, sociales et politques. Hélas! les
statistiques, officielles manquent. Mais, à défaut
d'information officielles. je me suis livré à une
enquête personnelle dont je vous demande la permission de vous soumettre les résultats.

*
* *

D'abord je dois vous dire que nous possédons
à l'heure actuelle : 14 imprimeries ou maisons d'é-

dition dont 9 à Port-au-Prince, 2 au Cap-Haïtien,
1 à Jacmel, 1 aux Cayes, à Jérémie! Rien à Port-de-
Paix, rien aux Gonaives, chefs lieu de Departe-
ment, rien à Fort-Liberté, rien à Saint-Marc, Petit-
Goâve, Miragoane, Aquin, villes, ouvertes au commerce étranger, centres intellectuels, commandant des hinterlands, de 50 à plus de 100 000 habitants. Ne trouvez-vous pas cela triste?

En outre, nous possédons pour l'ensemble du
pays 15 journaux dont 10 à Port-au-Prince, 3 au
Cap-Haïtien, 1 à Jacmel et 1 aux Cayes.

Port-au-Prince, pour alimenter 100 000 habitants,
ne possède que 4 quotidiens et huit journaux heb-
domadaires ou bi-hebdomadaires, une ou deux
feuilles mensuelles. Quant aux Revues, jusqu'en
Juin 1917, il en existait encore 10 dont 8 à Port-au-
Prince, 1 aux Cayes, 1 à Jérémie. De ces revues 4
sont des organes d'intérêts généraux; — les autres
sont des organes d'intérêts corporatifs.

D'autre part, j'ai remis le formulaire des questions suivantes aux Directeurs des deux Quotidiens de la Capitale :

1o. Quelle influence probable votre journal a-t-il
exercée sur le goût de la lecture à Port-au-Prince
et dans les autres parties du pays?

2o. Y a-t-il eu augmentation du nombre de vos
lecteurs pendant ces 5 dernières années?

3o. Les crises révolutionnaires ont-elles fait
augmenter ou diminuer le nombre de vos lecteurs?
Ou bien ce nombre est-il resté stationnaire?

4o. Combien de volumes, brochures ou revues,
votre maison a-t-elle édités pendant ces 5 dernières années?

5o. Y a-t-il tendance à l'augmentation ou à la
diminution ou bien encore tendance à rester à
l'état stationnaire?

6o. Depuis combien de temps votre journal existe-t-il?

7o. Votre journal est-il le premier quotidien du pays?

8o. Le Quotidien est-il une forme de journal définitivement acclimaté dans nos mœurs ?

9o. Quelle est votre opinion si, pour une raison quelconque, cette forme de la publicité venait à disparaître ?

10o. Quel est votre tirage quotidien?

11o. Combien de numéros Port-au-Prince absorbe-t-il et combien en expédiez-vous dans le reste du Pays ?

.∴.

Il serait peut être trop long de vous lire toutes les reponses, encore qu'elles soient très intéressantes qu'avec leur amabilité coutumière M. M. Chauvet, et Chéraquit d une part, et M. Clément Magloire, d'autre part ont bien voulu faire à ces différen'es questions. J'en ai retenu trois ou quatre que nous discuterons ensemble, si vous le voulez bien.

C'est d'abord que le journal sous sa forme spéciale de « quotidien » exerce une influence considérable sur le goût de la lecture dans le pays. La preuve, me dit-on, c'est qu'il y a en moyenne 20 lecteurs par numéro qu'on se passe de mains en mains; — (forme assez touchante de mendicité comme vous le savez ?) ensuite c'est que le tirage des deux quotidiens, parti à peu près aux environs de 500 atteint maintenant de 2 500 à 2.700 — dont à peu près 1500 numéros restent à Port-au-Prince. (Je fais remarquer qu'avec une moyenne de 20 lecteurs par numéro cela nous donnerait un chiffre de 30.000 lecteurs par jour pour l'un ou l'autre ou même l'un et l'autre quotidien. Ce serait assez beau, — si ces chiffres pouvaient être contrôlés !) Enfin, les deux maisons, sans s être consultées considèrent que si le journal quotidien venait à dis-

paraître, cela équivaudrait à une véritable catastrophe ! M. Clément Magloire ajoute pittoresquement,
cela ressemblerait à quelque chose comme la suppression d'une Église ou d'une chapelle par exemple.)

.

Il y a des remarques à faire à propos de tout
cela.

Nos Directeurs se portent garants de l'influence
que leurs publications exercent sur le goût du public. Je les en crois sur parole. Mais il y a lieu de
se demander cependant si ce goût de la lecture
n'est pas plutôt le développement d'un certain genre de curiosité qui n'est pas précisément intellectuelle. Parmi ces 20 lecteurs quotidiens n'y aurait-
il pas une désespérante proportion de ces amateurs
de nouvelles qui cherchent à se renseigner si «Ar-
taxercès Léon continue à aviser le public en général et le commerce en particulier qu'il n'est plus
responsable des actes de Asséfy Timouché— et
ce— pour causes graves » ou bien encore n'y ren-
contrerait on pas une grande majorité de ces gens
très friands des sugessions capiteuses qu'un repor-
tage grivois et spirituel tire quelques fois des maisons de péché !

Je ne veux point manquer de respect à mes bien-
veillants confrères, mais je crains fort qu'en définitive ce goût de la lecture dont ils font état ne se
réduise à la curiosité un peu frivole dont je viens de
parler. C'est d'ailleurs l'impression que révèle une
autre enquête menée auprès d'autres maisons d'é-
ditions et dans les deux ou trois bibliothèques publiques ou semi publiques de Port-au Prince. — Savez-vous quel a été au grand maximum le nombre des livres publiés à Port-au Prince l'année dernière ? Zéro ou plus exactement une vingtaine de
brochures.

Savez-vous quel est le plus grand nombre des a-
bonnés de bibliothèques? L'Union catholique accuse 295 lecteurs, encore que sa bibliothèque publique et gratuite soit pourtant libérale et éclectique
à ce que m'assure l'aimable homme qui en a la direction, Me Léo Alexis. C'est ensuite la bibliothèque de St. Louis de Gonzague, intéressante à plus
d'un titre avec 250 abonnés et, enfin 50 autres abonnés à la Société biblique et des livres religieux—
d'un caractère assez spécial— bien que pour elle
aussi l'honnête Mr. Jackson réclame un bill de libé-
ralisme.

Mais, quelles sont les œuvres qui sont le plus en
vogue parmi vos lecteurs demandé-je ?— « Mes
clients désirent presque tous prendre un roman pour
se distraire » me répond, Me. Alexis.

.

Voilà, Mesdames, Messieurs, le bilan schémati-
que de nos efforts pour créer une certaine activité
intellectuelle dans notre société. Vous avouerez
tout de même que c'est plutôt maigre. On lit peu
et même lorsqu'on lit, on se délecte des ouvrages
de valeur intellectuelle douteuse, parce qu'on lit
non pour s'instruire mais pour se distraire.

On n'écrit guère si ce n'est pour aviver l'ardeur
de la mêlée politique . . . Puis-je dire sans vous
manquer de respect qu'on ne pense guère si ce
n'est à la *loi patate* et aux commérages intempestifs
des désœuvrés — tout effort de pensée qui ne fati-
guera pas nos méninges apparemment ! . . .

.

De tout ce qui précède il est aisé, je crois, de tirer une conclusion. C'est que notre outillage inte-
lectuel est d'une extrême médiocrité.

Que sont-ce, en effet, 14 imprimeries, 3 ou 4 salles de spectacles, 3 ou 4 quotidiens, 17 autres pé-

riodiques, 3 ou 4 bibliothèques — dont deux seulement sont publiques et gratuites, — où ne fréquentent qu'un millier d'abonnés (en exagérant beaucoup) pour une population de 2 millions 500 mille
âmes?

Mieux que cela. Voyez l'autre danger. Pendant
que nos forces intellectuelles restent inagissantes
faute de discipline, de décision et de volonté, des
ennemis dangereux s'introduisent dans la place : je
veux parler des maladies qui émiettent sourdement
les énergies dela race et la menacent d'anéantisse-
ment.

Une des plus hautes autorités de notre monde
médical m'a informé que sur les 75 malades qu'il
voit par jour, en moyenne 30 % sont victimes de
l'avarie. Je ne puis vous soumettre aucune donnée
en ce qui regarde la tuberculose, mais je n'ai nulle crainte d'être démenti en avançant que la mor-
talité tuberculeuse inquiète nos médecins. Quant à
l'acoolisme, je n'aurai besoin que de vous faire savoir qu'il y a pour la seule ville-de Port-au-Prince 45 grands établissements et douze cents débits
moyens et petits qui ont acquis le droit officiel de
saoûer le peuple, et, si j'ajoute à cela que la consommation habituelle de Port-au-Prince est de
2.000 gallons de tafia par jour, vous comprendrez
le péril de la situation sur laquelle j'attire votre
attention. J'ai même relevé dans une statisque
dûe à Mr Charles VORBE que la consommation alco-
olique pour l'ensemble de notre population se chif-
frait à 10 000.000 de gallons pour les 2 500.000 âmes.
C'est simplement effrayant.

Mais que faire? Eh bien ! Je me tourne vers vous
Mesdames, Messieurs, et je vous adjure de regarder vos responsabilités bien en face. Je souhaiterais, en vérité, que ma voix dépassât les limites de
cette enceinte. Car c'est à tous ceux qui, dans ce
pays, sont doués de la puissance de l'esprit ou de
l'habileté des doigts et qui se sont élevés à une
position supérieure que je voudrais m'adresser.

Voulez-vous bien, leur dirais-je, garder le prestige historique et l'autorité morale du commandement ?

Soyez une véritable élite par la valeur éprouvée
de votre mérite intellectuel et moral qui doit aller
s'agrandissant.

Voulez-vous empêcher la menace extérieure
d'exploiter au moment opportun, l'ignorance des
masses contre vos privilèges.

Soyez une véritable élite sociale en jettant des
ponts entre la misère des humbles et votre aisance
apparente. Fondez des œuvres de relèvement social.

Voulez-vouz garder l'originalité de votre peuple ? Défendez-le contre les maladies qui veulent
le frapper de déchéance.

Alors seulement, vous aurez droit au respect de
ceux qui vous regardent agir en même temps que
vous aurez droit à la gratitude de ceux pour lesquels vous aurez agi.

Mais en toutes circonstances, notre visée la plus
haute doit être de nous imposer à nous-mêmes une
manière d'impératif catégorique :

« Être soi, au plus haut degré, ne pas descendre
comme font la plus part, au contraire monter.

: Mais, dans cet élan ascendant vouloir monter ensemble, harmoniser l'effort personnel à l'effort de
tous. »

LA DOMINATION

ÉCONOMIQUE ET
POLITIQUE DE L'ÉLITE

LA DOMINATION ÉCONOMIQUE
ET POLITIQUE DE L'ÉLITE

CONFÉRENCE PRONONCÉE A PARISIANA
LE LUNDI 19 NOVEMBRE 1917.

> « S'il existe, pour un pays donné
> une constitution meilleure que les au-
> tres. il s'agit non de la "mettre aux
> voix" mais de la découvrir, car "la na-
> ture et l'histoire ont choisi pour nous.»
> TAINE, Origines de la France Contempo
> raine.— Ancien régime pref. T. III.

Mesdames,
. Mesdemoiselles,
   Messieurs,

TAINE raconte que lorsqu'en 1849, il eut atteint sa vingt et unième année, il se trouva soudain en face du plus redoutable des devoirs du
citoyen, il fut appelé a voter. C'était à l'époque
confuse que l'histoire situe entre la révolution
qui renversa Louis Philippe et « l'opération de police un peu rude » qui étrangla la 2me République. Il
fallait voter, c'est-à-dire choisir entre différents
systèmes de gouvernements, entre différentes
théories constitutionnelles, entre différentes personnalités politiques. Le jeune normalien se posa
la question à savoir si la jouissance de la préro-
gative légale dont il venait d'être automatiquement
investi, n'avait point pour corollaire une grave
responsabilité. En tout cas, il voulut se rendre
compte des conséquences possibles qui pouvaient
résulter de l'exercice de son droit de vote. Et
alors, l'idée fantastique lui vint que, pour accomplir l'acte que le dernier paysan réalise allègrement, il lui fallait, lui, examiner à loisir une à
une toutes les données des divers problèmes sur
lesquels la puissance publique lui demandait de
se prononcer.

Vous savez comment il y parvint. Il mit vingt ans à cette tâche. La mort le suprit à la fin de son examen au moment même où il achevait de don-ner le dernier coup de pouce à ce formidable mo-nument, qu'à ce propos, il éleva à la gloire des lettres françaises et qui s'appelle « les Origines de la France Contemporaine. »

Evidemment il ne saurait venir à l'idée de per-sonne de solliciter d'aucun électeur, même d'une démocratie idéale —d'apporter autant de scrupules dans l'exercice du droit de vote. Ce ne peut être que le privilège amer et par conséquent peu en-viable d'hommes que des habitudes de méditation profonde amènent à soumettre les moindres actes de la vie au jugement d'une conscience inquiète et austère. . . .

Cependant, je me suis supris à penser à la gran-deur symbolique de cette histoire, lorsqu'au 15 Janvier dernier, je vis notre peuple appelé à jouir de façon qui parut effective de la liberté électorale. Vous le dirai-je cette dernière expérience m'a fait frémir d'angoisse et de tristesse.

Encore que l'étude à laquelle nous allons nous livrer ne puisse plus nous présenter maintenant qu'un caractère à la fois douloureusement spécu-latif et rétrospectif, encore que le désarroi où nous ont jetés les évènements du mois de Juin dernier, ne nous permettent pas de savoir de quoi demain sera fait, si nous redeviendrons franchement sujets ou citoyens, j'ai pensé que l'incertitude de l'heure ne pouvait nous dispenser de confesser nos péchés afin d'en faire sincèrement pénitence, afin surtout d'en empêcher le retour en opérant sur nous une réforme de notre personnalité.

Et puis, enfin, que savons-nous ? N'est-il pas pos-sible que la Force elle-même dans une exaltation de ses propres principes fasse un retour sur soi à la manière du scorpion qui, atteignant la pléni ude de ses énergies vitales, s'inocule son propre venin

pour mourir. Que si, un jour, la Force s'abste-
nait d'entraver l'exercice de notre puissance de self-
government, il faudrait bien que cette mesure ne
nous retrouvât plus incapables d'enprofiter pleinement afin que, par le groupement des volontés
agissantes, nous soyons en état de défendre légalement notre originalité de peuple et de race.

Et c'est pourquoi les dernières élections générales-
les m'ont paru comporter des enseignements dont
nous pouvons tirer parti à un moment donné.

C'est à quoi nous allons consacrer quelques
minutes d'examen.

Et d'abord, avez-vous jamais assisté ou participé
à une journée d'élections générales?

Peut être, en vous racontant ce qui s'est passé
à l'ombre de mon clocher, à la Grand'Rivière du
Nord, aurai-je en même temps brossé à grands
traits un tableau type de nos mœurs électorales.

Ce matin du 15 Janvier 1917, mon paysage
familier avait changé de ton. Des nuages lourds
d'un gris sale rôdaient dans le ciel et sur les monts.
Pas un bruit Le calme du sépulcre. Soudain des
sonneries de clairon éclatèrent, des sonneries telles que j'en ai entendu, quelquefois, dans les in-
cendies de Port-au-Prince, des appels au secours.
Puis ce fut la voix dolente des cloches : le tocsin...

Alors, des larmes involontaires jaillirent de mes
yeux, un sanglot me monta à la gorge. Car, voici
retentir sur le sol ancestral le pas rythmique des
officiers américains venus assurer la sincérité des
opérations.

Hélas! il aura fallu un siècle de déclamations
patriotiques, de gaspillages d'énergie et de débau-
ches de textes légaux pour en arriver là et à la
suite de quelles tractations inavouables, d'avances
inconsidérées dont la lourde échéance nous a été
présentée au moment opportun ! Messieurs, il est
inutile d'insister sur ces hontes récentes . . . .

Donc des routes diverses convergeant vers les
bureaux des assemblées primaires, voici venir des
troupeaux de paysans solidement encadrés de jeunes hommes, gesticulant, hagards et provocants. Ces
conducteurs empoussiérés et suants—nos immor-
tels *chefs de bouquement* — (1) étaient pareils à des
guerriers qui rentrent au camp, la prunelle encore
chargée de l'étincelle d'une victoire sanglante en
poussant devant eux une multitude défaite et cap-
tive à qui ils s'en allaient distribuant d'innombrables minuscules feuilles volantes en forme d'ordres
du jour. Ce n'étaient que des bulletins de vote *d'a-
vance préparés.*

La foule s'arrête, docile et pacifique, dans l'attente du moment décisif, sous l'œil attentif des meneurs. Mais sept heures sonnent. L'opération commence. Alors le troupeau toujours encadré défile
apeuré, timide et inquiet. L'un après l'un jette son
bulletin dans l'urne sur l'ordre qu'il a reçu de ceux
qui l'ont conduit jusque là. Et maintenant tous ont
volé.

Pour qui et pourquoi ont-ils volé ?

Beaucoup ne le savent pas. Que représente la personnalité qu'ils ont choisie ? Tous l'ignorent, même leurs conducteurs, le plus souvent. Mais, en somme, ils ont volé.

Et puisqu'en ce jour l'alcool fut interdit, le reste
du temps se passa dans la gloutonnerie tumul-
tueuse des repas collectifs de la plèbe...

Enfin, à la tombée de la nuit une immense cla-
meur retentit. Ce fut le cri de triomphe de tel can-
didat.

Hosanna ! semblait-on clamer J'imagine que tout
cela signifiait que le peuple avait repris ses droits,
qu'il s'était prononcé sur la crise sociale, politique

(1) Meneurs de bandes, " gros électeurs."

et économique dont il meurt. Le souverain ayant parlé chacun doit s'incliner. Du reste peu à près, dans les huit jours suivants, j'entendis quelqu'un affirmer avec la certitude tranchante d'un homme qui sentait l'ivresse de la victoire : « L'opposition a triomphé. »

Enfin, pour signer le tableau, et afin que nulle autre démocratie n'ait la velléité de s'y reconnaître, j'imagine volontiers que plus d'un carrefour fatidique, dans plus d'un arrondissement, a été arrosé du sang de quelque poule ou blanche ou noire et a absorbé la libation propitiatoire offerte aux dieux lares et composée de lait généreux, de farine de froment, de pistache et de maïs grillés...

Mesdames,
Mesdemoiselles,
Messieurs,

Je m'en voudrais énormément et vous auriez le droit de me considérer indigne de votre confiance, si le témoignage que j'apporte ici, ce soir, n'était que l'expression de quelque sentiment personnel, sentiment de dépit, de rancune ou d'antipathie, né d'échecs récents. Non, ma vision s'est modelée sur la réalité et s'est efforcée d'en épouser les formes avec une si éclatante justesse, que toute mon ambition eut été satisfaite si j'arrivais à vous la faire adopter comme une manifestation de la vérité. Certes, je me suis jeté dans la rude mêlée avec un chaud enthousiasme et toute l'ardente promesse de ma volonté de puissance et, c'est parceque j'ai vu de près l'inanité des formules, la vanité des textes et la fourberie des hommes que j'en ai rapporté un sujet de méditation.

Donc, si nous étudions ensemble les causes lointaines ou immédiates de la disconvenance qui jaillit entre des institutions d'un si haut modèle comme le suffrage universel et l'adaptation que nous en avons faite à nos mœurs politiques, si nous mettons en relief — encore une fois — la division qui sépare les éléments dont est composée notre société à savoir une masse amorphe politiqement et économiquement asservie par une minorité dont l'idéal le plus élevé est de vivre aux dépens de la plèbe sans aller plus outre, si, d'autre part, nous établissons les responsabilités qu'endosse ceux à qui profite le jeu faussé d'un tel mécanisme social. peut être arriverons-nous à poser sur leur véritable terrain les données d'une grande partie de notre malaise social et politique et à justifier, en même temps, l'objet de notre étude sur la domination économique et politique de l'élite.

.·.

Il vous souvient, n'est-il pas vrai, qu'à cette même place, nous avons tâché, il y a quelque temps, de dégager l'origine historique de l'élite. Nous avons interrogé, tour à tour, les divers facteurs qui se sont succédé dans la possession de notre sol. Evidemment, nous ne nous sommes pas attardé sur les mœurs de l'élément aborigène parce qu'un tel examen n'eut été pour nous que d'un intérêt archéologique. Mais, nous avons tourné d'un doigt indiscret les feuillets des Archives et les pages jaunies des lettres et des mémoires du temps afin de faire revivre la Société Coloniale Française qui fut maitresse de Saint Domingue pendant des époques séculaires Nous avons pesé les témoignages de l'état civil, écouté à la porte des cours prévôtales et des assemblées politiques la discussion âpre ou puérile des intérêts et des prétentions de castes ou de classes. Nous avons entendu soutenir des procès de titres, de préséance et de rang. Nous avons recueilli les confidences des maîtres et nous avons entendu monter la rafale qui emporta cet échafaudage d'iniquités et de misères. Enfin, nous nous sommes penchés avec émotion sur les divisi-

ons de la Société coloniale confinée dans la classe
des blancs, celle des affranchis et celle des esclaves. Nous avons demandé à chacun de ces groupements la valeur réelle des éléments dont il fut
composé, et nous avons insisté plus particuliére-
ment sur la classe des blancs depuis les premiers
colons intrépides et audacieux, forbans sans foi ni
loi qui conquirent nos côtes du Nord-Ouest jusqu'aux
cadets de famille que « la carrière de l'ambition »
avait poussés vers une vie de haute aventure. Et
alors, quand il nous a paru que nous avions ras-
semblé les éléments d'appréciation suffisants pour
en tirer une conclusion, nous avons reconstitué en
une vaste synthèse la physionomie réelle de la société coloniale avec ses tares et ses vices au moment
même ou elle allait s'effondrer — par contrecoups
— sou l'assaut formidable de la Révolution française. Mais, nous avons remarqué par quel phénomène étrange et dangereux, la société haïtienne,
fille des revendications sanglantes et anachiques
du troupeau d'esclaves, s'était substituée à la
Société Coloniale par un procédé presqu'automatique. Nous avons essayé de démontrer, assez
succintement il est vrai, que si la caractéristique
de l'époque coloniale résidait dans la séparation
des couches sociales basées sur des privilèges
pour les uns et des obligations pour les autres,
privilèges et obligations stipulés dans les ordonnances du Roy et qui étaient d'ailleurs conformes
à la nature des choses — ni la gestation héroïque
dont est née la nation haïtienne, ni le passé de
servitude plusieurs fois séculaire dans lequel la
race avait vécu jusque là, ne pouvaient lui donner
la vertu soudaine de devenir fondatrice et organi-
satrice de cette association compliquée et difficile qu'est un état moderne. C'est cependant à
cette tâche surhumaine, c'est à cette responsabilité
effrayante que nos pères eurent à faire face au lendemain des guerres de destruction et de carnage,
qu'ils menèrent avec la farouche énergie que l'on

sait, pour la conquète de la liberté et de l'indépendance. Mais alors quand le problème se fut
posé devant eux, aucune autre solution n'était possible que celle qu'ils avaient donnée à la conduite
de la guerre.

Je veux dire que si le premier qui fut roi fut
un soldat heureux, l'homme qui créa la nation haïtienne par la vigueur de son bras et la collabora-
d'autres énergies combattantes, inquiet d'ailleurs
de la menace constante du danger extérieur, ne
pouvait concevoir un autre type de société politique que l'oligarchie militaire C'est ainsi que l'empire dessalinien naquit de la logique de la situation et de la complicité des évènements et des
hommes. Mais si la guerre avait détruit l'ancien
cadre social dans lequel tous avaient vécu jusque
là, le souvenir récent des splendeurs coloniales
était encore trop vivace dans l'esprit des chefs pour
que l'oligarchie militaire ne se fut point installée
dans les privilèges des anciens maîtres, se parta-
geant les domaines, se créant des titres et des
droits que la foule consacrait par le respect et la
reconnaissance de l'éminente dignité des services
rendus. On crut même expédient de perpétuer
dans la paix la cruelle barbarie de la guerre qui,
sous le régime simpliste de la loi martiale, permettait aux nouveaux seigneurs de disposer au gré
de leur fantaisie de la vie d'anciens compagnons
de lutte par raison d'état... Mais cette oligarchie
militair, dont la conception fut si semblable à celle
des anciens colons, n'était cependant pas composée
seulement des chefs qui avaient conduit la lutte jusqu'à la victoire, elle reposait aussi sur l'ancienne classe des affranchis qui, n'ayant pu jadis faire accepter
par les blancs leurs revendications politiques et
sociales, avaient confondu leurs griefs et leurs aspirations avec ceux de la plèbe pour en mieux
assurer le triomphe. C'est ainsi que dans la nouvelle société, il se forma, sans qu'il y eut probablement de parti-pris formel, une classe de di-

rigeants : les uns, venus des bas-fonds de la multitude, pouvaient justifier leur nouvelle situation,
comme nous l'avons dit par leurs aptitudes guerrières et les services rendus, les autres poursui-
vaient tout simplement la conquête définitive des
privilèges qu'une ardente et légitime convoitise devaient convertir bientôt en droits acquis.

Et c'est ainsi que naquit l'élite sociale et politique dont nous avons hérité les traditions, les ap-
pétits, les tendances sans y avoir opéré de notables
changements.

En fin de compte, comme nous l'avons très
sommairement indiqué, la fois précédente, à l'armature coloniale disloquée et mutilée s'était subs-
titué un nouvel organisme de contexture un peu
disparate et apparemment démocratique, mais en
fait, si les acteurs s'étaient grimés avec plus d'application, il était loisible tout de même de reconnaître sur la scène le même vieux drame humain avec
son fond d'inexorable fatalité : le fort opprimant
le faible, en attendant que surgisse un plus fort
qui, sous des prétextes divers, déséquilibre la situation au profit de ses propres intérêts .. Et
pour justifier la valeur de ces postulats, il suffit
que nous marquions d'une façon plus nette le rôle du facteur principal qui a contribué à l'avène-
nement du monde nouveau, il suffit que nous
montrions l'importance décisive du facteur *nombre* dans la formation de la société naissante.

.*.

Il est, en effet, d'évidence historique que les
plaintes les plus légitimes, les protestations les plus
circonstanciées, les révoltes même les plus justi-
fiées de la classe des affranchis n'auraient jamais
pu aboutir à un résultat appréciable sans le concours des masses. Nous savons également que les
révendications des affranchis pour l'égalité des
droits politiques si pleines de bon sens fussent-el-

les, les eussent amenés certainement à des échecs
sanglants, s'ils n'avaieut eu l'heureuse pensée, à un
moment donné, de taire tous griefs de classe pour
élever leur cœur à un sentiment de haute générosité humaine en réclamant la liberté générale des
esclaves.

C'est donc le concours positif, c'est le sacrifice
en masse de la plèbe fanatisée par les meneurs
sortis du rang, soutenue d'autre part, par ceux
des leurs que la fortune avait favorisés, que la
guerre d'affranchissement d'abord et la guerre de
l'Indépendance ensuite, ont pu s'achever par la création de la nationalité haïtienne. Mais quel bénéfice la plèbe a-t-elle tiré de tant de dévouement et
de tant d'héroïsmes obscurs ?

Hélas ! la réponse à cette question est l'éternelle honte et l'éternelle iniquité dont nous avons hérité de nos pères et dont nous portons encore le
stigmate indélébile avec une indifférence qui tient
tout à la fois de l'inconscience et de la lâcheté. Eh !
quoi, immédiatement après la victoire de nos armes, nous avons proclamé avec emphase que l'esclavage est à jamais aboi sur la terre d'Haïti et c est
pourtant Toussaint Louverture, notre immortel
homme d'État, qui, ayant le commandement tacite
ou effectif, de la colonie pendant et après la lutte
sanglante, a inauguré une politique de conciliation
avec les anciens maîtres dont la fin certaine était
une réconstitution déguisée du système que l'on venait d'abolir grâce au dévoument inlassable de la
foule docile.

En effet, il est d'évidence également historique
qu'au fur et à mesure que le Général en Chef chas-
sait l'ennemi du territoire, il s'empressait d'organiser les possessions recouvrées par des Ordonnances sévères dont l'économie reposait sur la re-
constitution de l'atelier de travail et la réinstalla-
tion dans ses domaines du propriétaire que la
guerre avait dépossédés.

Je m'empresse d'ajouter que les Ordonnances in-
diquaient pour la forme certaines différences et certains tempéraments — tels que le caractère salarié
du nouveau mode de travail et la cordialité affec-
tueuse recommandée à l'un et l'autre contractants
comme un élément nécessaire au maintien de la
paix publique. Cependant dans la convention dont
il s'agit, la liberté de l'employé était si étroitement
et si odieusement réglémentée d'une part; et d'autre part, les obligations et les responsabilités de
l'employeur n'étant même pas indiquées dans
le texte, il résulte de l'examen le plus superficiel
de ce contrat de travail, qu'il n'était pas seulement unilatéral dans ses modalités mais une simple prolongation du système esclavagiste dans ses
applications. Voulez-vous vous en convaincre ?
Rappelez-vous les art V et IX de la première Ordonnance prise par Toussaint Louverture le 29
Floréal an VI de la République (18 mai 1798) c'est
à dire en pleine guerre, au moment où les troupes
anglaises eurent évacué Mirebalais, Grand-Bois, la
Plaine du Cul-de-Sac, l'Arcahaie et Port-au-Prince.

Art. V —Tous citoyens et citoyennes qui étaient
attachés à la culture [c'est-à-dire tous ceux qui furent au paravant esclaves] et qui maintenant va-
gabonds dans les villes et dans les campagnes, qui,
n'étant attachés ni à l'état militaire, ni à celui de
domesticité y traînent une vie oisive et par conséquent pernicieuse à la société, seront arrêtés par
la gendarmerie et conduits au commandant en
chef du lieu où ils auront été arrêtés, lequel les
fera conduire sur leurs habitations respectives *pour
y être assujettis au travail.*

Art. IX. — Les Commandants en chef feront
une fois toutes les decades leur tournée sur les
habitations soumises à leurs commandements pour
s'assurer si les cultivateurs qu'ils y auront envoyés
y *sont restés, si tout l'atelier travaille, si la culture
prospère, si le bon ordre règne, si l'union et la fraternité y existent,* ils ne négligeront rien pour

rèprimer les abus qui pourraient naître pour assurer aux cultivateurs la jouissance de leurs droits et
d'une liberté sans licence qui doit être fondée sur
la raison, les bonnes mœurs et la religion. »

Cette ordonnance qui fut la première en date de
Toussaint sur l'organisation du travail, fut suivie
par une législation générale et un règlement de
police du 20 vendémiaire au IX (12 Octobre 1800)
lesqnels reçurent la consécration solennelle de la
Constitution de 1801. Les unes et les autres obéis-
saient aux mêmes préoccupations tyranniques qui
confisquaient la liberté des soi-disant citoyens et
citoyennes au profit des propriétaires et des nouveaux patrons. Les unes et les autres étaient aussi
impitoy·bles que les règlements édictés par les
Commissaires Civils après la proclamation de la
liberté générale. Enfin les unes et les autres por-
taient l'empreinte de ce mélange d'astuce et de clairvoyance et faisaient un appel pour le moins sus-
pect à la morale et à la religion — qui étaient l'une
des étrangetés les plus émouvantes du caractère de
l'ancien esclave de Bréda parvenu par son génie
politique au faîte des grandeurs . . .

Vous le voyez Mesdames,
        Mesdemoiselles,
        Messieurs,

Cette main mise de l'autorité militaire sur la liberté individuelle prolongeait dans la paix une
forme insidieuse d esclavage.

L'on sait d'ailleurs ainsi que nous le disions
récemment que, surpris et déçu, le peuple s'était
detaché de Toussaint à ce point que l'expédition
de Leclerc le trouva encore entouré de prestige,
sans doute, mais déjà amoindri dans la sympathie
et l'enthousiasme de ses fidèles compagnons de
combat

Et quelle fut l'attitude des successeurs de Tous
saint dans l'organisation de la société naissante ?

Il serait peut être intéressant de suivre pas à
pas les tentatives, les ébauches de législation sociale qui ont éclos dans ce pays de 1803 à ce jour
et de rechercher en quoi elles correspondirent ou
correspondent à l'évolution de nos mœurs et surtout en quoi elles satisfirent ou satisfont notre
sens de la justice et les obligations de patronage
que nous avons contractées envers ceux d'en bas.
Nous n'en n'avons malheureusement pas le loisir
et ce n'est pas en une heure que nous aurions
la prétention d'épuiser un tel sujet. Cependant,
quoiqu'il en soit nous pouvons franchir le siècle
à pieds joints et nous interrogerons sans plus
tarder, le formidable témoin à charge de notre
malfaisance et de notre égoisme qu'est le code
rural actuellement en vigueur. Demandons-lui quel
est l'état de la question à l'heure présente ? Je fais
remarquer tout de suite que rien que l'existence
de ce code et du nom qu'il porte selon la judicieuse observation de M. Frédéric Doret, sont si-
gnificatifs du singulier état d'esprit qui lui a donné
naissance.

Ainsi, il existe sur notre territoire une catégorie
d'individus dont le rôle social et économique a
mérité d'être défini par des lois spéciales afin
de mieux démontrer qu'ils ne nous ressemblent
pas et que nous pouvons disposer de leurs biens,
de leur liberté et même de leur vie à notre gré !
Cela vous parait un peu paradoxal n'est-ce pas !
Je regrette vivement de ne pouvoir vous commen-
ter certains articles du code rural comme j'aurais
voulu le faire si je disposais d'un plus long temps,
mais il en est deux ou trois que je vous demande la permission d'énoncer simplement.

CHAPITRE VIII

Art : 19. — Les jours ouvrables sont — *les jours
de fête exceptés* — le lundi. le mardi, le mercredi,
le jeudi et le vendredi de chaque semaine. Les

heures de travail sont : le matin de six à onze
heures et l'après-midi de deux à six heures.

ART.— 111 — Aucun travailleur, à l'entreprise
ou à la journée ne peut abandonner son travail
pour se livrer à des festins les jours ouvrables.

Aucune danse, ni festin ne peut se prolonger
au de là de minuit. Tout délinquant aux présen-
tes dispositions seront punis de l'emprisonnement.

ART. 112 — Nul cultivateur *fixé* sur une propriété rurale ne pourra s'absenter du district plus
de 24 heures sans un permis du chef du district, »

Et le reste à l'avenant- Mais les citations que je
viens de faire sont suffisantes, je suppose, pour
démontrer l'arbitraire et l'abomination du régime
légal auquel nous soumettons nos campagnards.

Elles sont suffisantes pour nous faire sentir à
quelle inhumaine laideu , à quelle souffrance morale elle peut nous conduire quand la Convention haïtiano-Américaine en assure la stricte application par la gendarmerie que nous avons. (1)

Et pourquoi, je vous en prie, avons-nous dressé cette barrière entre nos paysans et nous ? Tout
simplement parceque dans la division des tâches
sociales, nous qui sommes l'élite, nous nous sommes attribués la part du maître et nous avons imposé le reste à nos frères infortunés. Eux et nous,
ou plus exactement leurs ancêtres et les nôtres
ont détruit autrefois le moule colonial dans un
commun effort de justice et de vengeance, mais
aussitôt après, nous les avons confinés en des
lieux déterminés et nous leur avons assigné le rôle de remuer la terre maternelle pour notre gloire et notre profit. Nous en avons fait un monde à
part qui n'a de commun avec nous que des rapports de vendeurs et d'acheteurs.

---

(1) Certain jour du mois de Juillet 1918 j'ai été person-
nellement arrêté pour le service de la corvée.

Et il faudrait peut-être ajouter que jusque dans ce dernier rôle, ils sont encore nos dupes éternelles.

Car, en vérité, si nous écartons délibérément de la discussion ce que représente de forces économiques réelles les productions vivrières qui nous mettent en contact journalier avec les gens de la campagne, il est facile d'établir que notre plus constante préoccupation c'est que nos paysans fournissent assez de produits d'exportation pour payer le budget de l'État et nous permettre de prendre rang comme nation.

Donc, non seulement nous faisons travailler pour notre nourriture de chaque jour, mais encore, pour le confort et les aises de notre existence bourgeoise, pour faire fonctionner et maintenir les rouages de cette machine complexe qu'est un état moderne, enfin nous faisons travailler pour savourer les jouissances qui rendent la vie digne d'être vécue. Et c'est pourquoi nous avons enfanté cette autre monstruosité économique d'édifier l'armature de notre système fiscal en un groupe d'impôts établis sur notre principal produit d'exportation : le café.

Cet impôt, à lui seul, constitue l'une des plus révoltantes injustices dont se repaît notre société.

Il a un caractère de classe parce qu'au lieu d'être universel, il ne frappe qu'une catégorie d'haïtiens : les paysans, les seuls ou à très peu près les seuls producteurs de café. Il a un caractère odieux parce que l'élévation de sa quotité est équivalente au 4/5 de la valeur marchande de la matière imposable. Il a enfin un caractère hypocrite parce que son mode de perception étant indirect, son incidence retombe lourdement sur le sol.

Cependant, il n'est pas rare d'entendre répéter autour de nous que le paysan haïtien est paresseux. De graves sociologues ont même compulsé de vieux textes pour faire des comparaisons entre notre production actuelle et la production coloniale, à telle époque déterminée.

Les chiffres étant restés assez sensiblement les mêmes, on en a conclu que notre population s'étant accrue et nos besoins multipliés, nous avons régressé puisque nous n'avons pas marché de l'avant.

Le raisonnement est peut-être inattaquable, mais s'est-on demandé à qui revient la responsabilité de cet état de choses ?

Je suppose que l'on ne fera pas un crime à nos paysans de ne point pousser à la production intensive puisqu'ils n'en éprouvent pas la nécessité. Car enfin, tels qu'ils sont, nos paysans, s'ils n'existaient pas, il aurait fallu les inventer. Fermez-vous les yeux et représentez-vous la catastrophe que ce serait si par quelque cataclysme soudain, le peuple de nos campagnes venait à disparaître ? Du coup, il n'y aurait plus de société haïtienne, plus d'État haïtien, par conséquent plus de problème international haïtien et à fortiori plus d'intervention américaine. Donc, en fin de compte, nos classes rurales forment l'assise fondamentale de notre société politique et, s'il vous fallait, par surcroît, une autre preuve, je vous ferais remarquer que c'est par elle que nous avons eu l'immense orgueil de 1803 à 1915 de vivre dans la plénitude et l'intégralité de notre indépendance.

Car elles l'ont payé deux fois le prix de notre indépendance nationale. La première fois par le lourd impôt du sang qu'elles ont fourni pendant 12 ans d'une guerre atroce et sauvage ; la seconde fois par l'énorme contribution qu'elles ont fournie au paiement de l'indemnité de libération.

Si vous vous rappelez, en effet, que notre première dette extérieure a été l'indemnité de 150 millions de francs si souvent reprochée avec aigreur à Boyer ; qu'elle est le point de départ de la détresse économique et des expédients dont nous nous sommes jamais dégagés complètement ; que la première annuité a été versée en totalité par des remises en cafés et autres produits d'exportation et que

le solde réduit à 60 millions a grevé notre budget pendant 55 ans en prélevant 15 °/° de nos recet-
tes douanières pour assurer le service des intérêts
et de l'amortissement du capital, il vous est facile
de déduire de tout ce qui précède que la seule
classe qui produit - la classe paysanne—quelque
imparfaite que soit sa production, demeure, en définitive celle qui a payé le prix exigé par l'Ordonnance de Charles X pour la reconnaissance de notre indépendance—de même qu'elle continue à payer
toutes nos dettes extérieures aussi criminellement
consenties sans que la nation en ait jamais tiré aucun bénéfice tangible.

« Mais, pourrait-on objecter, il y a erreur de
compte. Autrefois le régime du travail était la servitude tandis que maintenant il est salarié. Chacun
travaille pour son argent et selon sa fantaisie !»

Eh bien ! je réponds que là encore se dresse un
des plus sournois mensonges conventionnels de
notre société.

J'ai énoncé tout à l'heure par l'énumération de
quelques articles de notre code rural, le caractère spécial que nous avons assigné à notre mode
de production agricole et le régime auquel nous
soumettons ceux qui vivent de la terre. Du plus
superficiel examen des textes précités, il ressort
que ce régime légal fort heureusement battu en brèche par la lente conquête et l'évolution des mœurs,
que ce régime légal n'est rien d'autre que le travail agricole obligatoire et l'inféodation au sol du
travailleur agricole. Cela constitue sans plus ample informé la première réplique à l'argumentation
fondée sur la liberté individuelle.

Mais, il en est d'autres plus précises et plus pérem-
toires.

Quelle est, en fait, la valeur du salaire dont nous
rétribuons le travail agricole sous quelque forme
qu'il se présente! O il l'exprime volontiers en énon-
çant qu'elle varie selon la loi de l'offre et de la demande.

Eh ! bien, cela aussi cache un épais mensonge.

Il est clair, n'est-il pas vrai, que, pour que la loi d'économie politique dont il s'agit reçût une application conforme à la vérité, il aurait fallu que la monnaie donnée en échange de la marchandise eût une valeur réelle, effective, intrinsèque. Or, nous savons tous que cela n'est pas. Nous vivons sous le régime de la monnaie fiduciaire, du papier monnaie, et nous commettons l'iniquité d'établir un impôt en monnaie d'or américain sur la principale denrée de notre production agricole, de telle sorte qu'il arrive ce phénomène très simple qu'entre la marchandise qu'il vend pour de la monnaie fiduciaire et celle qu'il achète avec la monnaie d'or, le paysan est frustré du bénéfice de son travail avec le plus effroyable cynisme.

Mieux que cela. L'on sait que l'Etat haïtien n'a pas toujours eu que de la monnaie fiduciaire en circulation, il a été fabricant; il a frappé de la monnaie d'argent à certaines époques déterminées. Eh bien, s'il faut rappeler que la première vague de papier monnaie dont nous fûmes inondés remonte à 1828 sous le Gouvernement de Boyer, à la suite des opérations désastreuses concernant le versement du premier terme de l'indemnité française, il est bon de rappeler aussi, que quelques années auparavant sous la présidence de Petion, vers la fin de 1811, tout Port-au-Prince fabriquait de la fausse monnaie sous l'œil indulgent et débonnaire du Gouvernement, il est bon de rappeler qu'un peu plus tard, l'Etat monopolisa lui même cette fructueuse industrie en baissant clandestinement le titre de l'alliage de sa monnaie d'argent de 900 millièmes titre nominal à 634 millièmes titre effectif. (1)

Ce qui revient à dire que l'Etat, sans gène ni honte, obligeait le consommateur à recevoir une

Beaubrun Ardouin — Etudes sur l'histoire d'Haiti.

monnaie dont il avait, de propos délibéré, altéré
la valeur intrinsèque et commettait ainsi un vol
effronté contre la masse des producteurs, je veux
dire contre la classe paysanne surtout. L'on sait
d'ailleurs que ces ignobles pratiques ont été sui-
vies de façon et d'autre par plus d'un successeur
de Pétion et de Boyer? Donc, Messieurs, si l'Etat
c'est nous de l'élite qui l'avons toujours formé —
et à moins que je ne m'abuse,— il me semble que
de tout ce qui précède nous avons le droit de retenir comme irréfutable que la domination économique du *peuple* par l'élite a pris dans le passé
et se poursuit dans le présent sous la forme la
plus odieuse et la plus tyrannique.

Il est, cependant, une autre objection qui semb'e
amoindrir la valeur des faits que j'ai essayé de
mettre en relief.

Je me suis efforcé de limiter le nombre des
griefs que j'ai analysés à l'injustice de l'impôt, à
la démarcation des couches sociales dont les unes
se sont attribué la mission de jouir et les autres
celle de produire et enfin, à la duperie que répré-
sente la faculté d'échange laissée à la classe paysanne.

Mais, en admettant que les prémisses du raisonnement restent vraies, et les faits indéniables, il
est pourtant l'autre face du problème, dont l'examen semble infirmer la validité de notre conclusion, en ce sens qu'elle pose la question même des
responsabilités en ce qui concerne ce pitoyable état
de choses.

Car, enfin, si l'impôt est consenti par le peuple
ou ses représentants, si la loi est l'expression de
la volonté générale, si la circulation monétaire ne
provoque ni troubles, ni protestations de la part
des gens qui en pâtissent, aucune critique fondée,
aucune plainte sincère n'est recevable étant donné
que notre régime politique est celui de la démocratie, c'est-à-dire du Gouvernement du peuple par
le peuple.

D'autre part, n'est-ce pas une notion fondamentale de notre droit public, latente ou formelle, qu'en définitive la souveraineté nationale réside dans l'universalité des citoyens.

En fait, si les misères de la domination économique dont nous venons de suivre les méfaits sont indéniables, la faute en est au peuple lui-même qui, par l'expression de son vote est toujours en mésure de changer radicalement cette situation du jour au lendemain.

Cela semble incontestable. Néanmoins quelque probante que paraisse l'objection, elle est foncièrement spécieuse.

En effet, nous avons insisté l'autre fois, et nous sommes revenus aujourd'hui sur les origines de notre nationalité, en montrant qu'un seul sentiment avait secoué l'apathie séculaire des masses dans les guerres de l'Indépendance, que ce sentiment était l'exaspération des souffrances de la servitude et le besoin immédiat d'en être affranchi. Qu'il soit venu des semences révolutionnaires et de la déclaration des droits de l'homme et du citoyen, qu'il ait germé sous la forme concrète de changement d'état dans le cerveau des conducteurs, il ne s'est converti en fanatisme d'action et en noblesse de conquête qu'au moment où il a revêtu la forme fruste d'une émotion qui a secoué jusqu'au paroxysme la sensibilité de la foule anonyme des misérables. Mais alors, il appartenait à ceux qui avaient endossé la mission de conduire les opérations jusqu'au succès, de procéder à l'organisation de la nouvelle société politique, de telle façon qu'elle représentât, en droit et en fait, une véritable association de cœurs, de volontés et d'intelligences, une association dans laquelle chaque membre eût une part effective d'intérêt et une part non moins effective de responsabilité dans la marche et le développement graduels de la société

Hélas ! les plus qualifiés d'entre les géants d'autrefois —encore qu'ils n'obéissent point dès l'abord

à une pareille conception de l'Etat—disparurent
prématurément de la scène politique sans avoir
pu asseoir l'édifice sur quelque solide fondement ;
et leurs successeurs impuissants, par la médiocrité de leurs moyens, de s'élever plus haut qu'à une
plate imitation de ce qui se faisait autour d'eux,
bourrés d'ailleurs d'idéologie révolutionnaire, s'en
remirent à la providence des dieux pour élaborer
l'œuvre d'organisation—de même que la foule—sa
mission obscure achevée par la victoire—se dé-
chargea sur les chefs du soin de pourvoir au bien
être de tous par une répartition équitable des char-
ges et des honneurs de l'Etat.

Les uns et les autres frappés d'incapacité par
une longue existence de servitude, ne pouvaient
être qu'étrangers et inférieurs à cette carrière d'hommes libres que d'autres ne réussissent à remplir
malaisément qu'après des siècles de préparation.
N'allez donc chercher nulle part ailleurs que dans
la passivité et l'ignorance de la multitude grégaire
autant que dans la fatale cruauté des circonstances
l'origine et l'explication de la domination politique
des masses par un petit groupe d'hommes plus dé-
cidés et plus entreprenants que le reste. Cependant
comme il convenait de masquer la brutalité du fait
d'une part, et comme, d'autre part, il était politique
que le nouvel Etat n'eût point l'air de rougir de
ses origines, il y eut une manière de compromis entre
l'inclination des hommes et leurs aspirations idéales.
Et alors de quelque forme extérieure que se revêtit
l'Etat, empire militaire, royauté féodale ou république parlementaire, il affectait des apparences
démocratiques tandis qu'au fond une minorité de
meneurs jouisseurs habiles ou médiocres—conti-
nuaient à exploiter l'ignorance et la crédulité des
masses. Et voilà pourquoi, à l'aurore de la vie politique de la nation, elle se paya le luxe de quatre constitutions écrites en moins de 15 ans; et, l'an dernier
au moment même où l'on s'engageait dans l'engre-
nage des coups d'Etat en abolissant les organes de

la Représentation parlementaire,la nation pouvait
fêter le centenaire de la constitution qui introduisit,
pour la première fois dans nos mœurs le mécanisme du suffrage universel.

Il fut octroyé au peuple haïtien sous la forme d'un
instrument de cabinet, en vue de réaliser des desseins politiques immédiats, comme si par Décrét
on pouvait lui octroyer aussi au peuple les vertus
politiques de moralité et de *self control* qui eussent
assuré l'application de la charte. On lui octroya
le droit de voter et au sortir de l'esclavage, à la
proportion de 95 %, il ne savait pas lire.

On lui octroya le droit de désigner les plus aptes au gouvernement, alors que pendant sa période de servitude, il n'avait même pas appris la manière de se gouverner soi-même.

Or, vous savez que si *de nos jours* le nombre des
écoles a augmenté considérablement, si les sommes allouées à leur entretien ont également augmenté en de respectables proportions, on peut légitimement affirmer, à l'heure actuelle encore, que
notre corps électoral dont les 4/5 sont formés des
gens de la campagne est composé d'une masse pe-
sante d'ignorants et d'inconscients. Vous savez, en
outre, que la sujétion du peuple faite d'atavisme
et de renoncement, donne prise à des vexations
et à des outrages quotidiens. Vous savez que cette
sujétion a été, dans le passé et continue à être
maintenant, le moyen classique et un peu fruste
sans doute, mais le moyen le plus achalandé de
gouvernement. Rien n'a donc changé depuis un
siècle. Et comment oserait-on soutenir, en pareilles conditions, que l'exercice de la souveraineté
nationale par mandat parlementaire n'est pas une
fantasmagorie ? Et comment oserait-on soutenir
que le peuple est libre d'exercer telle ou telle influence sur la marche des affaires publiques puisque
dans l'inconscience du rôle périodique qu'on lui
fait jouer, il ne peut que rabaisser la majesté de
son droit souverain à l'horrible carricature dont

j'ai fait l'esquisse au début de cette conférence.

Non, en vérité, les principes démocratiques consignés dans nos codes et nos chartes sont vides de sens parcequ'ils sont en désharmonie avec l'état réel de nos mœurs et ne servent qu'à justifier l'exploitation de la masse par l'élite.

Liberté ! Egalité ! Fraternité ! — tout cela eut été merveilleux si tout cela n'était que mots creux, inadequats à nos tendances et en opposition aux réalités à peine masquées de notre épais pharisaïsme. Non, il faut presser les formules pour en montrer le néant et alors leur appliquant l'apostrophe célèbre vous vous direz :

Liberté ? Grimace ! Egalité ? Mensonge ! Fraternité ? Duperie ! . . .

Messieurs, être politiquement libre ne signifie pas seulement la non-dépendance et l'aliénation de nos droits en faveur d'autrui, la liberté politique dans une démocratie, c'est la possibilité pour chaque citoyen de pousser le développement de sa personnalité au maximum de puissance sans nuire à autrui, c'est aussi avoir une conscience très claire des droits et des devoirs que la loi vous confère, c'est de savoir que la loi elle même est notre création, qu'elle vaut ce que vaut notre sens des réalités. Dans cette acception, la liberté devient un *fait* né des conquêtes de l'intelligence et de la volonté. Mais, vous savez que si nos constitutions sont libérales parce qu'elles sont des œuvres de notre imagination et de notre science — œuvres d'aspirations idéales plutôt qu'œuvres de réalités concrètes destinées à codifier des habitudes et des coutumes — vous savez donc que si nos constitutions son édifiées pour assurer les desseins de l'élite, elles sont en grande partie, inapplicables à la majorité de notre peuple étant donné que ce peuple courbé comme il est sous le poids de l'ignorance et de la superstition est tout à fait étranger aux subtilités et à la chicane des textes.

Aussi bien ce n'est pas sans raison qu'on l'a souvent et justement considéré — grâce à de telles conjonctures — non seulement comme un poids mort pour le progrès général de la société, mais un danger constant par les chocs en retour dont il a été l'instrument, quand, naguère encore, des énergumènes le poussèrent, en de formidables ruées à la destruction de la Cité pour assouvir des jouissances immédiates et grossières . . .

L'égalité politique c'est, dans une démocratie, la certitude que – dans la limite de la loi, nos droits seront respectés, c'est de savoir qu'une partie du corps social parcequ'elle possède en fait le *pouvoir* et *l'autorité*, n'en abusera pas pour édicter des règlements d'exception qui asservisse l'autre partie à des desseins de classe . . .

La fraternité sociale est avant tout une réaction de la Raison contre les injustices brutales de la nature ou de la Société, elle est surtout une inclination de notre cœur vers plus de bonté et plus de mansuétude pour les humbles. Si vous ne l'avez d'abord trouvée tout au fond de vous même, si vous n'avez pas été nourris par ce lait de la tendresse humaine dont parle le poète, n'allez donc pas la chercher dans la vaine formule d'un texte. Elle est inscrite ailleurs que dans un code ou dans une charte. Elle est inscrite dans les obscurités de notre conscience parcequ'elle est un commandement de la loi morale . . .

.·.

Messieurs,

Je vous demande pardon. L'intérêt et la gravité du sujet m'ont entraîné à de longues considérations qui n'ont même pas le mérite d'épuiser le débat. Cependant il nous faut conclure.

Nous avons dit que des deux groupements dont est formée notre société, il y en a une qui domi-

né l'autre tant au point de vue politique qu'économique. Et nous avons essayé de démontrer en
quoi consiste cette double domination.

Si, en Sociologie, domination signifie prépondérance de tel facteur social sur tel autre — prépondérance intellectuelle, morale, politique ou économique — j'aurais voulu, par les développements que j'ai essayé de donner à mon sujet, me
flatter d'avoir justifié la thèse que j'ai soutenue
devant vous. En tout cas, dans toute domination,
il y a des responsabilités auxquelles n'échappe
point le dominateur sans qu'il encourre la déchéance de ses privilèges et sans qu'il amène une
divergence de plus en plus profonde entre lui et
ceux qu'il domine. Il est certain que c'est parceque nous n'avons jamais compris l'étendue de ces
responsabilités, qu'un jour, un troisième larron,
profitant de notre détresse et de nos divisions,
s'est installé dans la place par droit de conquête.

Nous ne sommes plus maîtres de décider de quoi
l'avenir politique de notre nationalité sera fait,
c'est entendu... Mais voulez-vous bien me permettre aussi de soutenir que cela n'a peut-être pas
une importance décisive sur la cohésion et l'évolution morale de notre société.

Ce qui importe, c'est que si le troisième élément
dont il s'agit devient le plus considérable d'entre
nos facteurs sociaux — si la force étrangère, pour
l'appeler par son nom — ne fait pas table rase de
tout ce qui constitue le peuple haïtien par le fer
et par le feu — hypothèse que je crois absurde
d'ailleurs ; si elle n'en entreprend pas la déportation en masse — autre hypothèse également irréalisable, eh bien! bon gré, mal gré, elle est obligée de compter avec l'élément indigène quoiqu'
elle fasse et quoiqu'elle veuille. Elle l'a si bien
compris que toute sa tactique consiste de temps
en temps à faire accroire qu'elle protège la multitude contre les prétentions de l'élite.

Ne laissons pas s'accréditer cette funeste légende. Il nous appartient dès maintenant d'envisager
tous les aspects du nouveau problème tel qu'il se
révèle à nous afin d opposer tactique à tactique
en cherchant à opérérer l'unité morale. économique et politique de notre société. N'est-ce pas que
nous deviendrions coupables de faiblesse de n'y
point penser en nous laissant aller au découragement et au désespoir ? Ah ! je sais bien que l'ou-
ragan qui passe peut emporter un jour ou l'autre
les organes où se forge notre élite intellectuelle,
où elle puise ses directives et où s'élabore sa
pensée, mais je sais bien aussi que le dessein
probable qu'on voudrait réaliser ce serait d'amener le nivellement graduel de la société haïtienne
de telle sorte qu'en baissant le niveau intellectuel
de l'élite de plusieurs crans et en relevant les masses de la misère de leur ignorance, on pui.se établir la mise au point pour la domination de l'é-
lément étranger.

Encore qu'il y ait là une perspective angoissan-
te, il n'est cependant pas besoin que nous soyons
prophètes pour prédire que de tel es mesures en-
gendreraient, à la longue, l'éveil de toute la conscience nationale et ferait fermenter un nouveau
levain d'indépendance morale et intellectuelle sous
une forme que nous ne pouvons d'avance déterminer. Est ce qu'en perspective de tels évènements
nous avons le droit de nous désintéresser des
virtualités sociales de l'avenir?

D'ailleurs nous aurions dû depuis longtemps déjà par des faits et non sur papiers promouvoir à
l'éducation élémentaire et substantielle de nos
masses, mais il n'est pas trop tard pour nous y
appliquer en concourant de tout le pouvoir qui
nous reste à cette œuvre d'assainissement et de
justice sociale. Mais d'abord, il faut que nous gar-
dions notre position de sentinelle, notre situation
d élite soit en la justifiant par son efficacité sociale, soit en la rendant digne de respect par une

culture intellectuelle et morale de qualités plus
saines et plus vraies.

C'est pourquoi, il m'a semblé que le rôle que
notre élite doit forcément jouer dans l'opération
qui se fait chez nous, sans notre consentement,
et au gré des événements extérieurs, mérite d'ê-
tre étudié avec soin et circonspection. Nous nous
proposons donc bientôt de demander à l'élite de
nous démontrer ses titres passés et actuels, et si
ceux-ci nous paraissent insuffisants — comme
j'en ai peur — nous lui indiquerons le complé-
ment de forces par quoi elle peut augmenter son
autorité.

Mais, dès aujourd'hui. je me hâte de remercier
ceux d'entre vous qui ont bien voulu m'honorer d'un peu de sympathie en répondant aux
différentes enquêtes que j'ai ouvertes et qui con-
tribueront à faire la charpente de notre prochain
entretien.

Je ne sais si je me trompe, mais il me semble que,
sans nous en apercevoir, la guerre mondiale, en
précipitant certaines catastrophes a eu la vertu de
poser devant nous le problème d'une reconstruction intégrale de la Cité. Il s'agit de savoir si c'est
par la transformation ou la suppression des éléments indigènes que se fera une évolution brus-
que ou lente de la société haïtienne. Si l'élite, telle
qu'elle est, est l'un des principaux éléments en
cause, ne faut-il pas que nous en étudions la valeur réelle afin d'en déterminer la vocation? Telle
est la question que nous envisagerons à notre
prochain rendez-vous avec votre bienveillant concours.

LA VOCATION

DE L'ÉLITE

LA VOCATION DE L'ÉLITE

Conférence prononcée a Port-au-Prince,
a Saint-Marc et au Cap-Haïtien
en décembre 1917.

Mesdames,
   Mesdemoiselles,
     Messieurs,

Dans nos études précédentes, nous avons tâché de dégager l'origine historique de l'élite et il a pu paraître, à plus d'un d'entre vous, que le souci en était tout-à-fait inutile.

N'est-il pas vrai que chacun de nous bénéficie, à tort ou à raison, du crédit généreux que, d'un accord tacite, nous accordons aux gens du monde, aussi bien qu'à l'homme de la rue —à savoir que les principaux événements de notre histoire, sa-sés et resassés, nous sont à ce point familiers que rien qu'à les rappeler pour en tirer telles déductions sociologiques, on s'expose à voir l'intérêt et l'attention s'émousser promptement ?

Cependant, qu'il le veuille ou non, il n'est au pouvoir d'aucun observateur consciencieux d'apprécier l'étendue et la complexité du malaise dont souffre ce pays, sans remonter à son histoire.

D'autre part, un fait nouveau — *l'intervention étrangère et l'occupation militaire* — a rendu à l'histoire d'Haïti l'inappréciable service d'en faire un sujet de saisissante actualité, non seulement parce que l'action américaine nous a obligés à revenir sur nous-mêmes pour méditer nos fautes et nous en corriger, mais parce qu'elle inspire aux âmes ardentes et inconsolées la nostalgie du passé héroïque, mais surtout parce que depuis deux

ans, elle nous offre — un peu malgré elle et bien
malgré nous — l'occasion de quotidiennes comparaisons des *valeurs* où nos hommes d'autrefois
et même ceux d'aujourd'hui soutiennent l'enjeu
avec une dignité qui relève notre mérite à nos
propres yeux.

Alors il m'a paru qu'il n'était ni fastidieux ni
vain, en tenant compte des données de l'histoire
de préciser le rôle que l'élite doit jouer dans le
développement de la crise actuelle soit, qu'il faille considérer *l'intervention américaine* en fonction
de la guerre mondiale et par conséquent comme
un accident dont le caractère ne sera définitivement connu qu'à l'issue même de la grande lutte,
soit qu'on l'envisage dès maintenant sous l'angle
le plus pessimiste, c'est-à-dire comme étant le
Salut définitif du peuple haïtien. Dans l'un et
l'autre cas, n'ayant pas la possibilité de la repous-
ser, il sied mal de nous lamenter en regrets inu-
tiles et en plaintes amères. Le temps en est passé.

Au contraire tout en dressant devant la brutalité du *fait* la protestation éternelle du Droit, je
crois qu'il convient de chercher dans quelle mesure nous pouvons sinon adapter notre société
au régime nouveau, mais nous soustraire à ses
prétentions secrètes ou avouées, si nous ne voulons pas convertir notre bouderie en impuissance
ou en une inclination vers le suicide collectif.

Il apparaît donc que dans la partie qui se joue
sur notre sol, nous avons un rôle à remplir que
les événements eux-mêmes se sont chargés de
nous assigner bon gré, mal gré.

En vertu de ces considérations, aucune étude
ne nous a semblé plus indiquée que celle qui
marque la valeur effective de notre élite.

*   *
*

Mais d'abord que représente cette élite et de
quels éléments est-elle composée ?

Nous avons partiellement répondu à cette double interrogation quand nous avons déterminé la part des hommes et l'influence des événements dans la formation de la société haïtienne. Nous avons tenté de démontrer — il vous en souvient — que la transformation de la société coloniale en une société politiquement et économiquement indépendante avait eu d'abord pour point de départ la rupture des anciens cadres et la substitution presqu'automatique des leaders des masses révoltées aux propriétaires terriens. Que ce fait historiquement établi ait revêtu une signification sociale et politique très nette sur le développement ultérieur de la nation, c'est également l'un des points sur lesquels nous avons particulièrement insisté et où nous croyons pouvoir rencontrer l'adhésion unanime des penseurs.

Ainsi, il s'ensuit que l'élite nationale fut — dans le passé — la création lente et laborieuse du génie de la race qui rapporta des patries lointaines sur la terre d'exil, les obscures possibilités d'une réhabilitation ethnique. L'élite nationale fut dans le passé le terme d'un long processus de souffrances accumulées. Elle fut, enfin, la résultante d'inconscientes sélections pratiquées depuis la reculée des âges sur les réserves de sensibilité et d'intelligence latente des tribus africaines, jusqu'aux jours plus proches où elles marquèrent par des croisements sous notre ciel une époque décisive d'évolution en faisant jaillir des masses asservies les conducteurs d'hommes qui libérèrent la race des forces d'oppression et d'abêtissement.

Donc, si notre définition est exacte, l'élite d'hier était non seulement un produit du milieu et en parfaite concordance avec ce milieu, mais de quelque effort d'imagination que nous soyons doués, nous n'arrivons pas à concevoir la possibilité d'être de notre société sans l'existence de ces organes de discipline et de direction. Mais alors, par quel phénomène étrange et déconcertant, en est-il ai-

venu que ce qui fut la norme autrefois, n'est plus
maintenant qu'un souvenir que chaque jour émail-
le de nos plus mélancoliques regrets.

Comment peut-on expliquer la distance qui sépare notre élite actuelle de la foule, de telle façon
qu'il ressort aux yeux les moins avertis que notre
nation semble se partager en des fractions distinctes, comme des compartiments étanches? Comment
expliquer que nous en soyons arrivés à une telle
division sociale que notre élite semble être un organisme étranger, superposé au reste de la nation
et vivant par rapport au peuple dans un état é-
quivoque de parasitisme ?

Deux catégories de faits — des fa ts d'ordre économique et des faits d'ordre psychologique — dominent la discussion Leur analyse projette quelque clarté sur la singularité du phénomène et
nous aide à en dissiper les obscurités.

Sur les premiers, nous nous sommes suffisamment expliqué — nous nous en flattons du moins
— quand nous nous sommes efforcé, dans nos
précédentes Conférences, de faire ressortir que
l'abolition du travail servil, obtenue au prix de
tant de sacrifices sanglants, n'avait changé qu'en
apparence les conditions des masses. En réalité,
l'esclavage légal avait fait place à une forme hybri-
de de servage avec un simple déplacement de
personnes et de responsabilités. La nouvelle société indigène, malgré l'exclusion et la dépossession
sion subséquente des grands propriétaires nobi-
liaires, malgré l'emphase des textes légaux et la
bonne volonté des idéologues. conserva insidieusement; tacitement l'armature des classes. La conséquence la plus claire de cet état de choses fut la
perpétuation, dans les couches inférieures des mêmes tâches d'autrefois, sauf quelques modifications
insensibles dont l'institution d'un mode un peu
fruste de salariat fut la seule nouveauté manifeste. On sait que dans ce régime qui dure encore
aujourd'hui, presqu'intangible d'ailleurs, le contrat

de travail sans introduire le principe du salaire à
la journée admit cependant l'ouvrier exploitant à
une participation, en nature, du quart d'abord, puis
de la moitié de tous les produits qu'il récolte.

Mais il s'en faut de beaucoup que ce régime fût
par lui-même un principe de progrès. Pour qu'il
devînt tel, il aurait fallu qu'il fût considéré moins
comme une fin que comme un moyen — un des moyens qui seraient une étape entre le travail servile et
le travail rétribué en raison directe de la valeur
spécifique de l'ouvrage et de l'habileté technique
de l'ouvrier, un des moyens dont les hommes se
servent partout pour s'élever graduellement à une
plus haute dignité par la richesse et le savoir. Il est
malheureux de constater que le métayage connu
sous la dénomination de «de moitié» ait été à ce moment la seule forme de salariat que les propriétaires
aient appliqué à la masse des producteurs Car il
advint que le régime de la propriété et le régime du
travail non seulement exercèrent l'un sur l'autre
un esprit de routine néfaste au progrès et au renou-
vellement des méthodes agricoles, mais engendrè-
rent d'autres maux dont nous sommes encore en
train de souffrir. En effet, l'État, comme vous le
savez, en prenant possession par droit de conquête de la plus grande partie du sol pour en
faire des distributions par blocs ou par mor-
cellements à ses favoris, soit à titre de dons
nationaux ou de fermes (dont il ne percevait les
redevances que de façon sporadique d'ailleurs), l'État
créa de nouveaux privilégiés, lesquels renforcèrent
les débris des anciennes classes survivantes de la
tourmente révolutionnaire. Ces privilégiés, s'ils a-
vaient eu une conscience claire de leurs responsabilités, eussent dû être des agents de progrès par
la vertu de l'exemple, en faisant valoir eux-mêmes
et avec intelligence, les terres où naguère encore
le fouet du commandeur était la seule discipline
et la seule méthode de culture. Mais hélas! ils
n'eurent ni l'énergie, ni le bon sens et probable-

ment ni les capitaux pour relever de leurs ruines ceux des domaines dont ils héritèrent, grâce à la générosité du Prince, et préférèrent — tout en gardant un droit nominal de contrôle sur les propriétés ainsi acquises — vivre ailleurs, dans les villes, des profits plus faciles et plus immédiats de la Politique en laissant l'administration des propriétés au petit bonheur de l'ignorance et de la routine des « de moitié ». Ce fut la première grande faute de l'élite : la désertion de la terre.

D'autre part, nous ne devons perdre de vue que ces distributions de terre s'étaient effectuées en conformité même de la topographie du pays et dans une certaine mesure, selon les aptitudes et les zones de culture Nous voulons dire que si l'ensemble des propriétés rurales fut divisé depuis l'époque coloniale en zones montagneuses et en basses plaines—les premières plus propres à certaines cultures telles que le caféier, par exemple, et les autres affectées à des cultures extensives telles que la canne à sucre,—le partage qu'on en fit ultérieurement respecta, dans une large proportion cette ancienne constitution de la propriété, si vrai que même à l'heure actuelle, les grands et moyens domaines se rencontrent à la proportion de plus de 80 0/0 dans nos diverses plaines, tandisque les propriétés morcelées à l'infini se rencontrent plus particulièrement dans les districts montagneux. Il résulte de cet état de choses que les zones montagneuses fragmentées en une grande diversité «d'habitation» offraient un attrait considérable au plus grand nombre des pauvres diables libérés qui y trouvaient l'occasion de vivre un peu à leur aise, eux qui, depuis de nombreuses générations, n'avaient connu aucune autre alternative que celle de peiner pour autrui.

Et comme le problème de l'existence ne se compliquait pour eux d'aucun luxe de vêtement, de parure ou même de strict confortable, ils se contentaient d'ensemencer la terre qui rendait avec

générosité au delà de ce qui était de nécessité absolue à une vie primitive, sans horizon, sans doute, ni souci. C'est ainsi que se forma et qu'est par-
venue jusqu'à nous cette classe de nos paysans
montagnards vivant épars dans la solitude des hau
tes cimes ou disséminés sur les pentes et dans le
creux ... .lons - dans des conditions d'isolement
que la nature souvent tourmentée du sol, rend
quelque ois impressionnante. Beaucoup d'entre
eux, le plus grand nombre, étaient jadis et sont
encore aujourd'hui des métayers comme ceux de
la plaine, mais alors que ceux-ci jouissant d'un
réseau de voies de communications plus ou moins
développées. adonnés à des cultures industrielles
rénumératrices et restant en contact avec la bourgeoisie des villes tirerent de toutes ces conditions
un bénéfice incontestable de dégrossissement, et
sont devenus débrouillards—les autres qui forment
les deux tiers de la population totale du pays, aban-
donnés à eux-même, d'avance résignés à leur sort
dont ils ne soupçonnent pas la misère tragique
répètent par l'alternance rythmique du choc des
houes dans la terre et le cliquetis des serpettes.
le même geste ancestral qui les attache à la glèbe et en fait une agglomération d'hommes différents
et distincts d. .es e de la nation par le langage, le
costume, les mœurs, le développement mental plus
fruste plus primitif—une simple ébauche quoi ! comme une grossière image, lointaine et caricaturale de
l'autre élément de la société haïtienne, de l'élite.

Voilà Mesdames, Messieurs, le résultat auquel
aboutit la compression des faits économiques dont
j'avais dénoncé l'emprise sur la dissociation de nos
couches sociales

Il nous reste à marquer maintenant la part des
faits psychologiques sur le même phénomène pour
compléter notre tentative d'explication.

L'une des conséquences les moins imprévisibles
des horreurs l'esclavage fut d'inspirer à ceux
qui venaient de s'en libérer par les atrocités de la

guerre, une répulsion caractérisée de l'ouvrage manuel. C'était dans la nature des choses

Si l'on songe, en effet, que la colonie de Saint Domingue ne fut rien d'autre qu'une vaste exploitation agricole, que les divers corps de métiers qui y étaient représentés n'étaient exercés que par les petis blancs et les affranchis — classe d'hommes libres sans doute, mais méprisées et bafouées des grands planteurs, que les artisans parvenus à la fortune s'empressaient d'afficher le même sentiment de honte de leur passé récent, il n'est pas difficile de comprendre que pour l'esclave libéré, il devait y avoir un certain idéal, un étalon de valeur qui fut en dehors de la fortune et concurremment avec elle, le signe irrécusable de la supériorité sociale. Cet idéal n'était et ne pouvait être que la culture intellectuelle. Pensez donc, on pouvait parvenir par le courage, l'audace et la bonne fortune à atteindre le premier rang parmi les dirigeants, à acquérir la richesse et les honneurs cependant qu'il y avait par dessus tout cela quelque chose de mystérieux, de fascinant et d'irritant tout à la fois — le savoir — auquel on était souvent contraint de rendre un hommage discret, inavoué peut-être, grâce à son efficacité, sa distinction et sa rareté Tel fut le prestige probable de la culture intellectuelle qu'elle dut paraître aux yeux des nouveaux maîtres une marque de noblesse plus grande, à coup sûr plus inaccessible que l'exercice du commandement et que la richesse elle-même. Je ne veux pour preuve de mon assertion que la considération et l'estime générale dont la société naissante entourait non seulement ceux de ses membres infiniment restreints — réputés instruits, mais quelques uns des hommes auxquels elle venut de faire la guerre et contre lesquels elle écumait encore de colère redoutable malgré sa récente victoire.

N'est-ce pas pour cette raison que Toussaint, Dessalines, Christophe, Pétion honoraient malgré leur nationalité française les hommes distingués — prétres, médecins, écrivains qui étaient de leur temps les dépositaires de la science ? Qui ne connaît l'anecdote savoureuse de M. Descourtilz racontée par lui-même et sans aucun dessein d'apologie sur les motifs qui ont décidé Dessalines de le sauver des mesures de représailles ordonnées par le général en chef pour venger la nation des atrocités récentes de Rochambeau et de Leclerc.

Le trait vaut d'être cité.

Le savant naturaliste amené des Gonaïves avec un flot de suspects dans le camp de concentration de la Petite Rivière, venait d'être condamné à mort par la Cour martiale. Sur l'intervention du chirugien français Say et de Mme Dessalines, sa grâce fut obtenue. Mme Dessalines le cacha même sous un lit dans la pièce voisine de sa salle à manger. Au cours d'un déjeuner qui réunit plus tard le général en chef et les officiers de son état major, on causait librement. Alors Dessalines laissa échapper les propos suivants : «Sapristi ! Ce M. Descourtilz est plein de malice. Il sait des tas de choses. Il est habile à soigner les malades. Il connait les plantes et pas un animal vivant dans l'eau, dans l'air et sur la terre ne lui est étranger. Ce serait dommage de faire disparaître un tel homme. . .

Il ressort donc de tout cela que nous sommes en droit d'affirmer qu'à l'aurore de notre vie nationale, au moment ou la puissance des armes n'était que d'un médiocre secours pour la réorganisation des services de gouvernement, le prestige du savoir devait s'exercer d'une façon prodigieuse sur la nouvelle société. Mais alors il est aisé de comprendre également que si, d'une part, le travail manuel dépourvu d'attraits et tacitement déconsidéré semblait évoquer un rappel de la servitude abolie, si d'autre part, la culture intellectuelle paraissait conférer une certaine dignité d'ennoblissement, il est aisé de concevoir que le petit nombre d'hommes en qui se réunissaient en même temps la puissance de l'argent et celle du savoir, devaient consti-

tuer une manière d'aristocratie bien distincte du
reste du troupeau. Néanmoins, il est juste d'ajouter qu'on était pas encore assez loin de l'époque où
le nivellement dans la souffrance et le mépris était
la loi générale, où d'autre part la menace du péril
extérieur inclinait les inquiétudes communes vers
une commune défense des droits si chèrement acquis, on n'était pas assez loin de cette époque pour
· que cette transmutation des valeurs opérât un changement net et soudain dans les relations des hommes. Au contraire, une certaine solidarité sociale
plus intuitive que volontaire émoussait les antagonismes des groupes, ce pendant que se cristalisaient
les causes économiques et psychologiques qui en
accusaient la division de plus en plus profonde.

Et voilà, à mon gré, où il faut aller chercher l'o-
rigine de cette funeste séparation de l'élite et de
la foule de telle sorte qu'elles forment à l'heure
actuelle deux nations dans la nation ayant chacune ses intérêts, ses tendances et ses fins propres.

Et voilà comment une définition de notre élite
ne peut s'entendre qu'en fonction du développement mental d'une minorité d'hommes dont la vie
se déroule en marge de la vie collective comme
une espèce de mandarinat artificiel. Car, en fin de
compte, Messieurs, s'il est une vérité établie c'est
que dans tous les pays du monde où la loi des
castes ne stéréotype point les groupements sociaux
en des attitudes figées, l'élite se récrute dans tous
les domaines de l'activité sociale.

L'élite doit être à la fois et pratiquement indus-
trielle, commerciale, agricole sans être exclusivement intellectuelle. J'entends dire que dans la
complexité des sociétés modernes, à un moment
où les inventions scientifiques tendent à diversifier
la tâche des hommes, il faut que la division du
travail spécialise les compétences de façon que
chacune des branches de l'activité sociale pousse
son développement au maximum de puissance,

tout en bénéficiant du progrès général des connaissances.

C'est certainement fausser la conception et la vocation sociales de l'élite, c'est la comprimer et l'empêcher de rayonner que de l'enfermer étroitement dans l'une quelconque des attributions dont nous venons de parler. Or, que constatons-nous dans ce pays depuis l'erreur du point de départ que nous avons signalée? Un magnifique épanouissement de la culture intellectuelle plus proprement littéraire que scientifique parmi les hommes qui occupent le premier rang dans notre société à ce point que lorsqu'on parle de l'élite on désigne d'une façon tacite nos seuls intellectuels.

D'ailleurs, cette spécialisation littéraire a été pendant très longtemps le seul idéal de savoir auquel nous avons aspiré. Elle menait à tous les postes de commandement et de direction. Elle marqua de façon très nette l'éducation de notre personnel politique et administratif. En effet, il n'est pas un acte public, pas un livre rédigé dans les 60 ou 75 premières années de notre indépendance qui ne portent l'empreinte de cette culture littéraire quelque peu superficielle et déclamatoire, où la rhétorique choque le bon goût par la fréquence des images pompeuses, la surabondance des hyperboles et des métaphores. Et d'où nous venaient cette absence de mesure et de goût? Il ne faut pas hésiter à répondre que tout cela fut le fruit de notre système d'enseignement d'abord, puis, en outre, des aptitudes et des tendances caractéristiques de notre race.

Nous sommes un peuple d'une très grande sensibilité, n'est-il pas vrai? Nous avons l'imagination riche et prompte.

D'autre part, nous avons l'amour de la parure et des richesses non point pour en faire un étalon de vie confortable dans la joie et la sérénité du home, mais pour en tirer une vanité d'étalage et de démonstration.

Notre intelligence est très vivement sollicitée par
le côté extérieur des choses et nous nous lassons
vite à en pénétrer le sens caché et profond. Aussi
l'effort lent et constant répugne-t-il à notre hâte
d'achever la tâche avant même que de l'avoir com-
mencée.

Ce sont là, en raccourci et très sommairement
indiquées quelques unes de nos tendances principales.

Mais, vous le comprenez bien, si l'éducation est
une tentative de modeler l'homme selon un idéal
déterminé, il me semble que tout système de pédagogie doit d'abord connaître le tempérament du
peuple auquel on se propose de l'appliquer. C'est
la première considération, je suis tenté d'affirmer
que c'est la considération essentielle qui doit dominer une entreprise d'éducation collective. Or,
vous savez que de telles préoccupations n'ont jamais effleuré l'esprit de nos hommes d'État et de
nos publicistes passés et j'ai le regret de constater
que même aujourd'hui où l'on parle tant de réforme
de l'enseignement public, ni la plupart de nos écrivains, ni les autorités officielles n'ont l'air de soupçonner l'existence de cette vérité élémentaire.

Quoiqu'il en soit c'est certainement pour avoir
méconnu cette loi fondamentale de pédagogie,
qu'on a fondé des écoles de 1804 à nos jours, toutes du même principe d'enseignement, à savoir :
inculquer par gravage le plus grand nombre de
connaissances à un enfant ou à un adolescent donner, sans se préoccuper de savoir si ces connaissances sont assimilables et assimilées par les cer-
veaux auxquels on les destine, si elles sont en rapport avec les besoins ou les conditions d'évolution
historique et autres de la société à laquelle appartiennent ceux qui en bénéficient et enfin si, dans leur
fin suprême, ces connaissances peuvent développer ou contribuer à développer — à part les qualités intrinsèques de l'intelligence, — celles tout
aussi grandes et tout aussi précieuses de caracte-

re qui donnent son prix à la dignité de la vie et
impriment le sens des responsabilités au cœur des
hommes.

J'ai dit que les organisateurs de notre enseignement public ont adopté un type universel d'enseignement du haut en bas de la hiérarchie des
écoles. Ce type offre un critérium certain d'efficа-
cité à la porté de tous les jugements. Il faut faire
montre de savoir, il faut donc se souvenir. Qu'importe ce que l'on sait et comment on le sait. Dès
lors, la récitation des matières, comme épreuve de
savoir devait entraîner le développement de la mémoire verbale au déséquilibre des autres facultés
intellectuelles. Le résultat le plus clair de ce système fut la création d'une manière de psychose plus
ou moins avérée—*la verbomanie*—qui est l'une des
tares les plus répandues dans notre monde intellectuel.

Voulez-vous savoir quels sont les principaux
éléments de cette anomalie psychique ?

« C'est une affection dont le caractère principal est un entraînement irrésistible à parler et à
discourir. (1) C'est une tendance pathologique d'où
la conscience et la volonté ne sont pas toujours
bannies, à jongler avec des paroles du sens des-
quelles on ne se rend pas exactement compte, une
tendance constitutionnelle qui pousse certaines catégories d'individus—dont le nombre augmente de
plus en plus—à parler, à créer, en paroles, des situations dépourvues de réalité objective ou dont
ils n'ont que des notions vagues, empruntées, jamais personnelles souvent pas même bien assimilées. La verbomanie est constituée chez l'individu,
par l'excès de durée et d'intensité et par le caractère anormal des manifestations verbeuses. » Que

---

(1) Oussip-Lourié : Le langage et la verbomanie.

cette psychose, se rencontre avec des nuances diverses, très communément parmi nos intellectuels, c'est ce dont tout le monde peut se rendre compte dans tous les milieux.

Allez donc, si vous en doutez, dans les réunions mondaines, entrez dans la salle des séances de nos Assemblées politiques, assistez à une audience de nos tribunaux — oh ! là surtout — vous serez stupéfaits de constater à quel nombre effarant s'élèvent ces gens dont « la tendance au moindre effort se manifeste dans leur inertie méntale, dans leur paresse de penser, dans leur acceptation des idées, des phrases toutes faites » dans leur fétichisme du texte imprimé et appris par cœur. Eh bien ! ce sont là traits pour traits, les signes certains de la verbomanie.

Voulez-vous un exemple de verbomanie, écrite si j'ose ainsi m'exprimer ? Je le trouve probant dans la pièce que je m'en vais vous lire. Il s'agit d'une adresse qui a été remise à M. le Président de la République au moment de sa visite à la ville des Gonaïves.

Je suis d'autant plus à l'aise de citer cet exemple qu'il est récent et que le journal le « Matin » No du 10 Novembre 1917 qui l'a reproduit n'a pas révélé le nom de son auteur.

Voici le début de l'adresse :

> Le peuple qui marchait dans les ténèbres voit une grande lumière.— (Esaie IX)

Monsieur le Président,

Votre visite de surprise à la ville des Gonaives, ce jour 4 Novembre de la fête patronale, a une portée non pas communale, paroissiale ou provinciale dans la République d'Haïti, mais comporte et soulève, après les discours échangés à l'Hôtel communal avec l'enthousiasme de l'improvisation au moment de votre entrée où vous aviez été reçu et acclamé par cette bienveillante population représentée par tous les patriotes qui vous ont entendu, (dans vos re-

lations avec le pays comme Chef d'Etat, sous le régime de la Convention) ont admiré votre sagesse avec le tact et l'habilité dans la
compréhension des bienfaits à faire naître dans les sentiments à ré-
veiller actuellement pour préparer le bien-être dans l'avenir ont ap-
prouvé l'épanchement de votre âme dans le profond désir d'empêcher l'infortunée Patrie qui est à nous de s'engloutir dans l'abime
de nos ambitions communes imputables à nous tous.

Que, d'autre part, notre système d'enseignement
soit le grand coupable à qui revient la responsabilité d'un pareil désastre, rien n'est plus vrai ni plus
facile à prouver si l'on tient pour fondées les observations que nous avons formulées l'instant d'a-
vant. Mais il est d'autres causes qui expliquent le
mal.

Nous ne voulons jamais avouer, n'est il pas vrai,
que la langue française n'est pour nous qu'une
langue d'emprunt. Cependant même dans les milieux les plus raffinés elle n'est parlée que concurremment avec notre patois indigène—lequel, comme vous le savez, est un ramassis étrange de termes français corrompus, mêlés à quelques mots
anglais, espagnols, caraïbes et africains. Le *créo-*
le tient une place énorme dans notre bagage lin-
guistique et dans notre formation mentale. C'est
lui qui a créé les premiers automatismes du langage chez nous tous, car c'est lui qui fit fleurir la
première chanson aux lèvres de nos nourrices. Il ad-
vient donc que lors qu'à l'école nous commençons
à apprendre le français, il se forme dans notre esprit des analogies, des tournures de langage qui ne
sont pas encore du français et qui ne sont plus du
créole. Nous emmagasinons tout cela dans notre
mémoire et il arrive que nous ne pénétrons que
tard dans l'adolescence, le sens des idées que nous
répétons comme des perroquets.

C'est en effet du pur psittacisme.

Dois-je dire que pour beaucoup d'entre nous
cet âge de la pénétration du sens des idées dépas-

se très souvent l'adolescence—ce qui est un désa-
vantage incontestable quand nous nous comparons
aux vrais français de France.

D'autre part, si les pédagogues,au lieu d'encom-
brer notre mémoire d'un tas de règles grammaticales
cales hérissées de difficultés et d'exceptions comme ils le font inconsidérément s'étaient rendus
compte que cette méthode d'apprendre une langue vivante est la plus grossière erreur qui puisse
exister et s'efforçaient de nous faire parler français avant de nous enseigner le mécanisme de la
langue, peut-être eussions-nous tiré plus vite un
meilleur résultat de nos études.

Hélas ! nous apprenons le français comme nous
apprenons le grec et ce fait ne contribue pas moins
que les causes précitées à créer des tendances de
verbalisme creux chez nos jeunes gens.

Il est, enfin, une dernières cause que je tiens à
vous signaler.

La verbomanie a trouvé dans nos aptitudes ethniques un terrain extrèmement propice à son éclosion.

En effet, que ce soit du vieux tronc africain ou
des rameaux latins qui y ont été greffés que l'on
tire les mélanges ethniques dont est faite la race
haïtienne—nos générateurs ont tous été à des degrés divers des amoureux du verbe. En outre, pendant la longue période de servitude à laquelle a
succédé une longue période de despotisme militaire, l'haïtien, à quelque classe qu'il appartienne,
a acquis l'habitude des paroles tortueuses, des pé-
riphrases enveloppantes, des circonlocutions ingénieuses qui servent à masquer sa pensée de crainte de déplaire aux maîtres du jour, de peur de se
compromettre en dévoilant simplement la nudité
de son âme.

Il a même trouvé un mot récent pour traduire
cet état d'esprit—le *cabindage*—état d'esprit curieux qui consiste à jongler avec les mots pour dé-
guiser son vrai sentiment et ne pas l'exprimer, état

d'âme singulier qui consiste à couvrir la peur de
l'action sous un flot puissant de paroles.

Vous le voyez donc, Mesdames, Messieurs, notre
éducation manquée, nos tendances ethniques, notre
passé historique, tout cela devait amener le développement chez nos agents de direction de graves
défauts si ce ne sont de véritables affections patho-
logiques.

Mais, objectera-t-on, toute notre élite est-elle frap-
pée de malformation, n'est-elle composée que de
spécimens de bavards impuissants et de faux esprits?

Ce serait niaiserie et absurdité de le prétendre.
D'ailleurs, l'arbre doit-être jugé à ses fruits, dit le
proverbe. Eh ! bien, il suffit de montrer quelques
unes des œuvres maîtresses dont est composée la
bibliothèque haïtienne, il suffit de montrer quelques unes des œuvres scientifiques nées du cerveau
haïtien, il suffit enfin de montrer quelques unes des
productions artistiques—musique, sculpture, archi-
tecture--dont s'honore notre esthétique pour que
nous ressentions une hautaine fierté et un légitime
orgueil des représentants les plus qualifiés de l'intellectualisme haïtien. Et lorsque on considère le
point de départ et les buts atteints, en dépit des obstacles de toute nature dressés sur la route, on est
en droit de se demander, si en coordonnant mieux
les efforts, en soumettant les forces à une discipline plus intelligente, en plaçant l'objectif plus
haut, on ne serait pas parvenu à de meilleurs résultats. Dès lors, il est nécessaire de faire un nouvel
examen et une révision des valeurs. C'est ce qui
explique notre intervention.

Car, Messieurs, si depuis deux ans l'occupation
étrangère est venue trouver l'élite divisée et frag-
mentée, retournée contre elle-même, au point qu'il
est impossible de la déterminer à une action d'ensemble sur le terrain légal ; même à une résistance
morale contre l'envahisseur, c'est que l'élite a failli à sa vocation de commandement, c'est qu'elle a
failli à sa vocation sociale, c'est enfin que l'élite s'est

rendue indigne de sa mission de représentation et
de *leadership*.

L'accusation est assez grave pour que les brillantes
productions de la mentalité haïtienne ne soient
pas offertes en manière d'excuse des fautes com-
mises.

C'est ici qu'il apparait, ce me semble le nœud du
problème

*.

En effet, Messieurs, nous avons établi, d'une part,
que la préparation intellectuelle de l'élite est insuffisante et défectueuse ; d'autre part, nous avons remarqué qu'au point de vue du progrès général, elle
a, malgré tout assigné une place honorable a la
pensée haïtienne par le développement intellectuel
de quelques personnalités éminentes. Pourquoi donc
l'élite s'est-elle trouvée non seulement impuissante
à prévenir et à juguler la série de crises qui ont fourni le prétexte avoué par lequel on a voulu justifier
à nos propres yeux et aux yeux du monde entier l'intervention dans laquelle a sombré la fierté de notre
indépendance nationale — mais aussi pourquoi depuis lors s'est-elle montrée inapte à se ressaisir et
à se mesurer à la grandeur des tragiques réalités.

Le premier et le plus décisif de ses motifs d'impuissance, ainsi que nous avons essaye de le mettre en lumière, c'est d'abord son évolution comme
un organisme extérieur au reste de la Nation. Un
autre motif très certain de son incapacité d'action
c'est que si elle a pu donner naissance à quelques
hommes supérieurs, ceux-ci ont toujours été pour
chaque génération tout à la fois trop peu nombreux et ont dépassé de trop haut le niveau général du milieu pour ne pas éveiller cette haine
mesquine des médiocres contre les supériorités
qui est une manière de rançon que le talent paie
à la jalousie des incapables et des indignes.

En outre, ces hommes supérieurs n'ont jamais atteint le génie d'action d'un Toussaint Louverture, ne se sont jamais élevés à la hauteur d'un Pierre le Grand pour, d'une main puissante, pétrir la glaise et en faire. si j'ose ainsi parler, une nouvelle matière humaine.

- De là vient cette conspiration sourde, toujours latente, quand elle n'éclate pas en violences de toute sorte, contre toute tentative de la sur-élite sur l'ensemble de nos milieux intellectuels et le reste de la société.

Mais il faut signaler dans le même ordre d'idées, une dernière cause de troubles extrêmement agissante. C'est le départ très net, chez les meilleurs d'entre nous, de l'instruction et de l'éducation proprement dite. J'entends qu'en Haïti, chez l'homme le plus instruit, il se peut rencontrer une absence presqu'entière de culture du sens moral. J'entends faire ressortir que le régime du gavage intellectuel même lorsque par exception, il n'arrive pas tuer l'initiative intellectuelle de telle sorte qu'à notre étonnement et à notre joie, il a pu faire naître dans notre milieu des savants, des littérateurs et des artistes, il est, à n'en pas douter, tout à fait impropre à faire naître également des hommes de caractère.

Certes, ce problème n'est ni spécial à notre société ni particulier à notre race. Dans tous les pays, il existe des hommes supérieurs par l'intelligence chez qui la moralité est au dernier degré de l'échelle.

L'histoire ne pourrait-elle pas nous citer quelques exemples illustres?

Deux ou trois entre mille : Un Mirabeau que Taine qualifie de « satyre colossal et fangeux, » un Bacon l'esprit le plus original, le plus ample, le plus novateur de son époque — mais homme de moralité flotte, traître à l'amitié obligeante, en même temps que vénal et concussionnaire public malgré sa haute dignité de Chancelier du royaume de

Grande-Bretagne, un Marlborough, un des plus fameux capitaines de son temps égal aux Turenne et
aux Condé mais « l'un des plus bas coquins de l'histoire, » trafiqua des secrets d'État, se laissa entrete--
nir par ses maîtresses et fut traître envers Jacques
et envers Guillaume d'Angleterre. Et que d'exemples contemporains ne pourrions-nous pas ajouter à ceux-là ? Comme vous le voyez ce problème
de coexistence chez le même individu du caractère le plus flasque et de l'intelligence la plus haute
n'est pas spécifiquement haïtien. Ce que je veux
faire ressortir, c'est qu'il se présente ici avec des
signes alarmants parce qu'il se pose tout à la fois
dans un cercle trop restreint — la minorité de notre élite — et chez un trop grand nombre de gens
de cette classe.

Mais alors la conséquence immédiate de cet état
de choses, c'est la méfiance agaçante des uns des
autres. A force de parler d'honneur et de vertus
sans en avoir et sans y croire et même en prati-
quant, en catimini, des actes de malhonnêté et
d'improbité — eh ! bien ceux aux quels on s'adresse, de peur d'être les dindons de la farce — n'y
croient pas non plus.

D'où l'impossibilité de fonder quoi que ce soit
de durable puisque derrière tout œuvre même
de propagande morale, le public blasé par ce que
trop souvent bafoué, semble voir tapis des intérêts
personnels et particulièrement des intérêts politiques, étroits. Voilà ce qui explique, à mon gré,
qu'à la débâcle de l'anarchie politique a précédé
et s'est jointe la débâcle de l'anarchie morale, si
vrai que même parmi les plus clairvoyants s'était
développée une mentalité messianique et miracu-
laire.

Or, un jour le Messie vint Beaucoup — le plus
grand nombre — se prosternèrent et tendirent
des mains implorantes. Les plus habiles croyaient
tirer parti de la situation à leurs profits personnels.

On se rallia vite à « l'autorité » étrangère, on lui fit fête — comme naguère on s'empressait de se rallier au premier César triomphateur de guerres civiles. Certaines jeunes filles, dans leur sottise et leur vanité, se flattaient de trouver des maris parmi les auxiliaires. Certains hommes, eux, en espéraient, le patronage de leurs aspirations.

La baïonette en assurerait la réalisation et en garantirait la durée.

Hélas ! il fallut bientôt déchanter.

A l'enthousiame du début, firent place un scepticisme et une méfiance caractéristiques : on s'aperçut qu'en admettant même que l'intervention étrangère puisse se réclamer des plus hautes intentions de générosité, le moment n'est pas encore venu où dans ce monde de convoitises, l'intérêt ne serait plus le mobile des actions humaines.

C'est alors qu'on chercha non plus seulement à pénétrer les desseins de l'étranger, mais qu'on lui attribua les projets les plus fantastiques.

Et voici qu'on lui prête maintenant l'intention de suggérer une réforme scolaire qui ne tendrait à rien de moins qu'à ramener tout l'enseignement public au seul type d'enseignement primaire.

Tous ceux qui savent les conditions de recrutement de notre élite se sont vivement alarmés de cette menace, mais je n'ai vu poindre nulle part une autre attitude que celle de la palabre inutile.

Y a-t-il lieu de se croiser simplement les bras en gémissant ou peut-on s'opposer par des moyens pacifiques à la réalisation de telles entreprises ?

C'est ce que nous allons examiner ensemble, si vous le voulez bien.

*
* *

De l'exposé critique que nous venons de faire, il ressort 1° que notre élite à coté de sa conpétence intellectuelle—restreinte à quelques brillants spécimens—manque à un point considérable de com-

pétence morale ,2? que l'un et l'autre défaut n'étant
pas victorieusement combattus par l'influence des
familles stables et fortement constituées, ont pour
cause immédiate ou lointaine la mauvaise organisation et les faux principes de l'enseignement public greffés sur des prédispositions de race et sur
des complicités de milieu, 3° qu'une culture ainsi
dispensée n'a aucune valeur éducative, 4o enfin que
l'État haïtien comme un suicidé par persuasion, parait consentir à la décapitation de notre peuple en
renonçant à la suppression de la gratuité de tous les
ordres d'enseignement—ce qui signifie qu'en renonçant à cette conquête suprême de la démocratie
au stade d'évolution sociale où nous sommes parvenus, nous ne rendrions possibles les grandes formations intellectuelles que dans la catégorie infiniment restreinte des favoris de la fortune.

Si ces propositions sont bien établies, elles nous
mettent en présence d'une situation très nette.

Elles dénonceraient le fait que la menace de nivellement moral dépasse en gravité la perte de l'au-
tonomie politique. Il nous faut donc organiser pa-
cifiquement, légalement notre défense. Hélas ! J'a-
voue que le choix de nos moyens est singulièrement restreint. Autrefois contre l'arbitraire gou-
vernemental,il y avait l'opposition parlementaire,la
peur du scandale et la révolte de l'opinion publque.
Maintenant, ah ! maintenant, il n'y a aucun contre-
poids, aucun contrôle à l'action du gouvernement
quelque audacieuse qu'elle soit. Nous vivons sous
un régime d'exception et c'est là le danger.

Cependant dans la mesure où la loi martiale le
permet, nous devons chercher la garantie de nos
droits dans des ligues, des associations, des organes de publicité qui, par des pétitions collectives,
des appels de presse porteront devant l'opinion
publique nationale et étrangère la justice de notre cause de façon à exercer une pression morale
sur les décisions de l'autorité.

Ainsi, il faut rappeler aux dirigeants qui cherchent la justification de leur action dans l'exemple américain que la seule Université entretenue
par le trésor fédéral, et qui soit une création de
l'Union, est la Howard University où les nègres d'A-
mérique reçoivent gratuitement l'eseignement secondaire et supérieur. Le gouvernement et le Con-
grès américains ont compris qu'à une race misérable, issue de l'esclavage, sans ressources d'aucune
sorte, et jetée en pleine concurrence avec d'autres
races de civilation avancée, il était de justice élémentaire de lui donner un état major moral et intellectuel
de pasteurs, de médecins, de professeurs—d'hommes de science et de lettres—afin de permettre le
libre épanouissement de son génie.

Eh bien, à parité de conditions, nous avons le
droit d'exiger que l'on respecte pour les mêmes raisons la gratuité de notre enseignement qui répond
aux mêmes fins morales.

Et au surplus, si le statut définitif du peuple haïtien remet, un jour, en nos mains nos propres destinés, il ne faut pas hésiter à imposer un autre
programme d'action aux organes responsables, programme qui consacrera enfin la refonte totale de
notre enseignement public de telle façon que la
préparation morale de l'élite à venir égale en intensité sa préparation intellectuelle.

*
* *

Déjà, à la faveur des évènements cruels que nous
vivons depuis deux ans et demi, il s'est dessiné
dans la jeune génération un mouvement de réaction extrêmement intéressant. Je suis, avec plaisir, l'activité de toutes les sociétés littéraires et sociales qui se sont créées depuis cette époque. L'u-
ne des plus suggestives d'entre elles est la « Ligue
de la Jeunesse haitienne » dont le Bulletin a mal-
heureu ement cessé de paraître.

J'en éprouve un très vif regret. Il y a dans ces diverses manifestations mieux que des promesses d'avenir. J'ai quelque fois trouvé dans les publications des sociétaires de véritables talents dont la discipline ultérieure nous donnera, un jour ou l'autre, des œuvres de valeur. J'en fais du moins le plus sincère souhait.

Mais, vous avouerai-je, que, soit par mes enquêtes personnelles, soit par les productions de la jeunesse intellectuelle, vous avouerai je, qu'il m'a été impossible de déceler les véritables tendances de notre jeune élite ? Serait-ce qu'elle pâtit de la même anarchie que ses aînées ? Serait ce que sur elle souffle le même vent d'indiscipline ?... Il y a quelque six ans, Pradel, avec sa maîtrise habituelle a décrit dans « les deux tendances » les angoisses, les rêves, les colères et les misères de la génération à laquelle il appartient, je souhaiterais qu'un écrivain de la génération qui nous suit nous renseigne avec une égale sûreté de touche sur les tendances de la jeunesse actuelle. Néanmoins, je crois m'être aperçu à travers quelques uns des essais qui me sont tombés sous les yeux, des suggestions, sur la reconstruction de la Cité et je crois avoir remarqué aussi certaines préoccupations d'un ordre très élevé sans doute mais qui m'ont l'air de n'être singulièrement que des échos à peine atténués de choses d'outre-mer. A moins que je ne m'abuse, et que je reprenne la pensée de deux ou trois écrivains pour des préoccupations de tout un groupe, il me semble que parmi les idées qui dominent notre jeunesse on peut, entr'autres choses, dégager une certaine inquiétude sur la subtruction légale de la Cité et, en outre, on peut déceler la crainte timide et même un certain effarement que la Cité ne soit trop démocratique. -

En ce qui concerne ce dernier trait, j'ai noté, en effet, que la critique des idées égalitaires préconisées par la Révolution Française et dont on fait le fondement des démocraties modernes et aussi les questions de suprématie religieuse tiennent une place de choix dans la pensée de la jeune élite. (1).

Que ces préoccupations — si tant est qu'elles existent réellement — lui fassent honneur, c'est à qui je rends hommage volontiers. Mais je suis moi aussi un peu soucieux. Car je me demande si ces problèmes qui eurent un grand intérêt en France avant la guerre se posent chez nous en ce moment-ci. Je crains que non. Evidemment, il y a, en Haïti, une question religieuse. J'ai le regret de ne pouvoir la traiter ici même de façon sommaire. Mais on en peut dire, en quelques mots, qu'elle consiste à savoir comment on pourrait modifier la notion du divin dans notre peuple.

Vous devez vous être aperçu, n'est-il pas vrai, que si l'haïtien est converti au Christianisme ce n'est que de surface. Pour l'immense majorité, un animisme latent coexiste avec l'adhésion au crédo chrétien. Les dieux de l'Afrique n'ont point tout-à-fait désarmé devant Jésus de Nazareth et même chez beaucoup d'entre nous de l'élite, m'entendez-vous, qui nous nous vantons d'être de pieux chrétiens, il y a dans la coopération et la juxtaposition des deux croyances comme une contre-assurance mutuelle contre les mystères de l'au-delà.

Mais ce problème ne date pas d'hier. Il était déjà en puissance depuis l'époque plus que centenaire qui vit les esclaves venus d'Afrique et fraîchement débarqués, s'empresser de recourir en masse au sacrement du baptême, sans que l'opération entamât leur croyance fétichiste en quoique ce fut et dans le dessein, tout simplement, d'échapper aux quolibets et aux brimades réservés *aux bossales* par les *créoles*. Si l'on voulait en faire l'objet d'études et de recherches actuelles, tous ceux qui se pas-

(1) Voir dans la collection des Bulletins de la Ligue de la Jeunesse Haïtienne, les articles de M. Hanneau, Pressoir, Barjon, etc.

sionnent des choses haïtiennes eussent été enchan-
tés d'une telle faveur. -- Mais parceque sur la terre de France, des hommes préoccupés de restau-
rer la royauté ont associé la rénovation religieuse
à des fins politiques au point qu'il y eut un mouvement de catholicisme athée très prisé à *l'Action
française* et formellement condamné d'ailleurs par
la célèbre encyclique *Pascendi dominici gregis* de
Pix X — parce que MM. Paul Bourget, Barrès, Jules Lemaître etc, alliés aux politiciens dogmatiques
et néo-positivistes de *l'Action française* ont mis en
honneur une apologétique nouvelle réprouvée par
Rome au surplus— faut-il donc que de ce côté-ci
nos jeunes écrivains soient épris du beau zèle de
travailler à une restauration catholique (?) quand
l'Eglise n'est ni menacée, ni attaquée, quand enfin,
nulle part, l'autorité religieuse n'a laissé percer
des inquiétudes à cet égard, pas même dans les
mandements de nos Seigneurs les Evêques. Mais
alors ne suis-je pas autorisé à croire, une fois de
plus, que toutes les questions qui se débattent en
France ont une singulière répercussion sur notre
société incapable de se dégager d'un certain servage ?

Evidemment nous verrions avec plaisir notre
jeunesse implorer l'Eglise, comme étant la plus
grande si ce n'est la seule force sociale organisée
dans ce pays, de faire une tentative d'unité morale, en cherchant à réaliser la cohésion entre les é-
nergies dispersées et antagonistes de notre milieu
— et cela, dans le sens de la défense de notre
nationalité, comme autrefois les Pères Capucins
et Jesuites, au péril de leur vie, mirent leur autorité morale au service de la cause de la liberté
générale.

Nous verrions avec plaisir rappeler de temps en
temps le souvenir de l'Abbé de la Haye, des cu-
rés du Dondon, de la Grand'Rivière du Nord, du
Limbé qui pratiquèrent la générosité rayonnante
de la charité jusqu'à braver les rigueurs de la jus-

tice coloniale qui condamna plus d'un à la poten-
ce. Si dans la crise actuelle, on veut demander à
l'Eglise de jouer un rôle, c'est qu'elle se montre
nationale en faisant de la cause haïtienne sa propre cause et des souffrances haïtiennes ses propres
souffrances... Que si, malgré tout, l'on voulait
parler de néo-catholicisme, tant au point de vue de
l'art qu'au point de vue exclusivement religieux,
c'est à Claudel, à Francis Jammes, à Psichari que
devraient aller les sympathies au lieu de les égarer
sur les pontifes littéraires dont l'influence philosophique ne peut être que regrettable sur la pensée
haïtienne puisque leurs doctrines n'ont même pas
le mérite de recherches désintéressés de la vérité.

Or, de l'influence des jeunes écrivains de la France catholique, j'ai vainement cherché trace dans la
pensée de notre jeunesse intellectuelle. C'est ce
dont je me suis rendu compte par mes enquêtes
sur les écrivains et les œuvres en faveur dans nos
milieux intellectuels, notamment parmi notre jeune élite.

* * *

Pour combattre la répugnance de certaines gens
à se soumettre à une enquête, j'avais cru expédient
de recourir à un subterfuge en adressant la question suivante à quelques personnalités :

«Si vous deviez aller faire un séjour consécutif
«de trois mois, à la campagne, et que vous eussiez
«été obligé de n'emporter que trois ouvrages, quel-
«les sont les œuvres que vous auriez choisies ? »

Dois-je dire que la question ainsi posée était de
nature à susciter beaucoup de réponses insincères
— ce qui devait nécessairement entacher la valeur
et la portée de l'enquête ? De fait elle n'est pas
concluante.

Je peux même dire qu'elle a avorté. J'ai reçu
très peu, trop peu de réponses écrites parmi lesquelles je ne peux retenir qu'une trentaine. Cela

tient à la paresse des uns, à l'indifférence des autres, au snobisme du plus grand nombre. Et cela
aussi est un signe certain de marasme et d'impuissance morale. D'autre part, parallèlement à l'enquête écrite, j'ai recueilli un certain nombre d'informations orales qui m'ont été de très grande utilité... Quoiqu'il en soit, les réponses que j'ai reçues
ont une importance et une signification que je ne
saurais méconnaître. Si certains de mes correspondants ne m'ont pas dit exactement les livres
dont ils feraient volontiers leurs compagnons de
solitude pendant trois mois consécutifs, ils m'ont
tout de même désigné ceux qu'ils souhaiteraient
avoir lu. A tout prendre cela aussi est une indication de leur goût— c'est déjà beaucoup si ce n'est
pas assez.

Etant donné ces considérations, vous allez voir
parmi la trentaine de réponses que j'ai retenues,
les écrivains et les œuvres les plus cités.*

Les fables de la Fontaine, la Bible et l'histoire
d'Haïti viennent au premier rang ; puis des noms
d'auteurs : Anténor Firmin, Taine, Melchior de
Vogüé, Bourget et Brunetière tiennent la tête. Et
enfin avec ou sans désignation d'œuvres, voici les
autres noms mis en avant:

Max Nordeau	Rostand
Chateaubriand	Charles Wagrer
Racine	Rousseau
Alexandre Dumas père et fils	Anatole France
Alfred de Musset	Flaubert
Hannibal Price	P. de Coulevain
Massillon Coicou	Lamartine
Emile Faguet	Jeanvier
Les Goncourt	Guizot
Walch	Gustave Le Bon
Firmin Rose	Alfred de Viguy

---

*Voir les pièces annexes page

Jean Finot   Paul Adam
Montaigne   Oscar Wilde
Hugo   Albert Samain
Sully Prudhomme   Henry Mürger
Lemaitre   Boileau
Benjamin Constant   Lenôtre
Mæterlinck

Ainsi que vous le voyez, ce n'est pas mal du tout, c'est même très suggestif comme indication.

A mon tour, si le résultat me permettait une vue d'ensemble et que je fusse certain de la réalité du fait exprimé, je dirais à mes correspondants : « Puisque vous faites votre lecture favorite de la plupart des œuvres précitées, et que vous vous plaisiez en la compagnie de quelques uns des écrivains dont vous avez parlé, je vous en félicite.—Il vous reste simplement à nous montrer que vous l'avez convertie «en muscles de l'esprit.» Mais, j'ai peur que pour quelques-uns de mes correspondants, la préférence affichée en faveur de telle catégorie d'écrivains, ne soit qu'une attitude de parade, une manière de panache. Et telle ne doit-être ni notre visée, ni notre souci de l'heure.

Notre devoir de l'heure présente, c'est de contribuer à la création d'une pensée nationale, expressive de nos sentiments, de nos qualités et de nos défauts. Nous pouvons y prétendre si nous savons, glaner des idées excitatrices d'autres idées dans les œuvres fortes qui sont l'orgueil et le patrimoine commun de la race humaine.

Ce n'est qu'en vue de tels desseins que la méditation et l'assimiliation des ouvrages de l'esprit sont indispensables à la richesse de notre culture...

Mais, au fait, quelle est la réelle valeur de notre production intellectuelle comme nombre et comme qualité? C'est encore une autre question que je me suis posée et que j'ai voulu résoudre.

Ainsi je m'étais proposé—et pour vous en fair- l'hommage—d'estimer l'ensemble de nos forces intellertuelles, non seulement en dénombrant les œuvres écloses chez-nous depuis un siècle environ, mais, en outre, en portant mon jugement sur leur valeur réelle afin de mieux mesurer l'importance même des progrès que nous avons réalisés. C'était une ambition trop vaste, j'ai de nouveau échoué dans mes desseins. J'espère que d'autres reprendront cette idée avec plus de bonheur. A défaut d'un plan d'une si magnifique ampleur, j'ai réduit mes aspirations à dénombrer les nouvelles unités que notre enseignement secondaire et supérieur a jetées dans notre société depuis une dizaine d'années et qui doivent renouveler, renforcer ou simplement maintenir la valeur de l'élite intellectuelle.

Dans ce but, j'ai adressé le questionnaire ci-après aux chefs d'institution :

1o Combien d'élèves (ou d'étudiants) ayant complètement achevé leurs études votre établissement a-t-il fournis depuis dix ans ?

2o Combien en comptez-vous qui se sont arrêtés en cours d'études ?

3o Avez vous remarqué un très grand déchet entre les cours de première et ceux de la dernière année ?

4o Avez-vous suivi vos anciens élèves dans la vie ?

5o Pouvez vous signaler à quel genre d'activité ils se sont livrés ou ils se livrent ?

6o Pouvez-vous citer leurs noms aux fins de contrôle, s'il n'y a pas d'indiscrétion à le faire ?

Encore une fois, ce projet là aussi n'a réussi que partiellement.

Décidément les enquêtes sociales jouent de malheur. en Haiti En effet, sur 18 Directeurs ou Directrices d'établissements d'enseignement secondaire et supérieur auxquels je me suis adressé, je n'ai reçu que 13 réponses—les unes vagues et floues (*du calbindage* quoi !), les autres très complètes. Puis-je dire que les meilleures me sont venues de l'enseignement privé ? Quoiqu'il en soit, des unes et des autres je retiens un fait, c'est que si le nombre des

jeunes hommes et des jeunes filles ayant complètement achevé leurs études s'est accru d'année en
année depuis dix ans, il est proportionnellement
inférieur au déchet considérable qui résulte du nombre de ceux qui se sont arrêtés en cours de route.
Un chef d'institution a même signalé que chez lui la
proportion atteint 90 %. Des unes et des autres, je
retiens que cet énorme déchet forme dans notre milieu une classe terrifiante de non-valeurs et de pro-
létaires intellectuels

Si vous voulez considérer, un instant, les méfaits
que je vous ai signalés en ce qui concerne les méthodes en honneur dans notre enseignement ; Si
vous voulez penser à la conséquence qui en résulte
par la formation intellectuelle insuffisante et précaire
de notre élite; si vous voulez, enfin considérer les
diverses raisons qui divisent notre peuple en des
groupements hostiles et méfiants, dressés les uns
contre les autres, vous conviendrez avec moi que
toutes les causes réunies font de notre milieu social un champ d'action extrêmement propice aux
fermentations de désordre et de destruction, vous
conviendrez avec moi que ce milieu doit exercer
une énorme réaction d'affaissement moral contre
toute tentative de progrès continu. Vous conviendrez
enfin que toutes ces causes réunies ont conspiré à
nous rendre complices de l'état de choses qui a permis à l'étranger de planter son étendard sur les
ruines morales de notre patrie.

．．

Eh bien ! c'est pour aider à la reconstruction de
la Cité sur d'autres plans, c'est pour y faire mouvoir l'élite et la foule dans l'ordre et l'harmonie que
j'adresse un ferme appel aux hommes, à tous les
hommes de bonne volonté. Nous avons une immense tâche devant nous - quel que soit le statut
futur de notre pays Notre vocation propre, c'est de
ne point nous en détourner, ni nous en laisser dé-

posséder. Si nous continuons à nous croiser les bras
dans l'expectative éternelle de ce qui sera—ce qui
sera se fera sans nous et contre nous. Nous n'a-
vons qu'un moyen c'est d'associer, c'est d'unir nos
efforts en coopérant à la création d'œuvres sociales d'initiative privée. Nous avons conservé un atavisme de méfiance l'un contre l'autre et une répugnance - j'allais dire une incapacité de nous associer
qui sont les principales faiblesses que l'on exploite
contre nous Décidément, nous nous montrons, dans
cette impuissance, non seulement au dessous des
autres peuples civilisés, mais fort au dessous de ce
que nous fûmes hier quand, esclaves nos pères se
groupèrent pour bouter l'étranger hors du territoire, fort au dessous de nos congénères d'Amérique.

Oui, chaque fois que je reçois mes journaux de
là bas, la joie me monte au cœur pour applaudir à
ce que font ces derniers et la honte me courbe le
front devant notre infériorité de ne pouvoir les suivre.

En voulez-vous des exemples ? Oyez un peu ce
que j'ai tiré du numéro de novembre du «Crisis»,
revue nègre éditée à New-York.

1o « La quarantième session des maçons de l'A-
labama s'est réunie et a énuméré les fonds recueil-
lis cette année pour les besoins de la Loge qui s'élèvent à 118-855 dollars »

2o « La 23e session de la Lott Carey Baptist foreign
mission (Va) a recueilli 11.000 dollars pour la propagande religieuse. »

3o « A une convention tenue à Tyler, dans le Texas, l'Evêque Carter de l'Eglise africaine Episcopale
a recueilli en une seule fois 14.000 dollars destinés
à des fins éducationnelles. »

4o « Les nègres du Texas ont donné 10 000 dollars pour coopérer avec la Freedman's aid Society
à maintenir ses œuvres scolaires »

Voilà donc en une année 24 000 dollars en dehors de toute taxe légale, dépensés pour des œu-

vres morales et sociales par nos congénères d'un
seul Etat américain qui ne compte pas plus de
690.049 habitants nègres, c'est-à-dire près de trois
fois moins d'habitants qu'en Haïti. Ne sommes-nous
pas humiliés qu'avec nos deux millions et demi d'à-
mes de ne pouvoir rien offrir qui de loin puisse
ressembler à de telles initiatives et à un tel mouvement de solidarité sociale? Sommes-nous à ce point
égoïstes ou inconscients de ne pouvoir nous imposer une certaine discipline pour la défense de nos
droits et de nos intérêts? Ne pouvons-nous pas pré-
lever moins que la dixième partie de nos ressources, moins que la dixième partie de ce que nous
consacrons au plaisir pour l'affecter à des œuvres
d'éducation dont dependent la sauvegarde et l'avenir de nos enfants ? Ah ! oui. nous sommes prêts
à débourser des milliers de gourdes pour organiser des Clubs où l'on joue et où l'on s'amuse, pour
aller au Cinéma, et nous nous montrons incapables
de faire vivre une bonne «Revue», de créer des dispensaires, des écoles du soir, de fonder un bon collège, où en face des écoles décrépites de l'Etat indifférent on traître à sa mission, nous donnerions
une meilleure préparation à notre élite de demain!

Honte ! Honte ! Messieurs, à qui n'a point le courage de se dépenser en une saine activité et dans
une cordiale coopération avec d'autres volontés
agissantes pour le salut de notre peuple et de notre
patrie.

J'entends dire tous les jours qu'il n'y a plus rien
à faire parce que le pouvoir politique ne nous appartient plus.

Eh ! bien c'est là une résignation d'esclaves et
une lâcheté d'eunuques. Il faut, au contraire, dresser contre l'Etat indigène ou étanger les prétentions
de la société unie dans son désir de survivre à toute entreprise de nivellement.

Il faut que toutes les forces sociales--religion, é-
cole, groupements corporatifs —n'aient qu'une seule doctrine, qu'une seule visée : sauver le patrimoi-

ne moral du désastre qui a frappé le patrimoine
politique.

Et on ne peut le sauver que par des associations
d'initiative privée pour une meilleure dispense d'u-
ne meilleure éducation.

Essayez d'abord quelque chose dans ce sens
avec méthode et esprit de suite et si vous ne réus-
sis-z pas, tentez de nouveau l'expérience. Ah !
c'est quand vous aurez épuisé toutes vos ressources d'initiative et de bonne volonté que, jetant un
regard mélancolique sur le passé, vous aurez le regret de dire : Il n'y a plus rien à faire. »

Jusque là le droit à l'ffort n'est pas périmé.

LA FEMME

DE DEMAIN.

LA FEMME DE DEMAIN

Il est vraisemblable qu'aucun sujet d'études ne paraît, en ce moment, obtenir des faveurs plus marquées de l'attention publique que celui qui traite de la femme haïtienne.

Les hommes d'Etat, les penseurs les plus autorisés et jusqu'aux moindres publicistes, en des articles de Revue, des chroniques de presse, des conférences ou des discours ont disserté là-dessus avec une abondance et une ardeur significatives.

Les uns ou les autres ont parlé de la beauté, de la distinction, de l'éducation de la femme haïtienne, de sa condition juridique, de ses devoirs civiques, du rôle patriotique qu'elle a joué dans le passé et de celui qu'elle doit jouer dans l'avenir. Les uns et les autres semblent se recommander par un trait commun, c'est que tous ont reconnu expressément ou implicitement l'importance considérable de la femme dans notre milieu social, et il me paraît aussi que chacun, avec plus ou moins d'art, lui a tressé une splendide couronne de lauriers.

Cependant, par ici, par là, j'ai vu poindre quelqu'inquiétude, j'ai entendu formuler des réserves ou esquisser de mélancoliques regrets.

Qu'est-ce à dire ? Y aurait-il un problème *de la femme haïtienne* ? Et si, d'aventure, ce problème existait, en quoi donc pourrait-il consister? Car enfin, si l'on considère le nombre et la valeur des études consacrées à ce sujet, l'accueil cordial que le public leur a ménagé, si l'on circonscrit—pour la mieux préciser— l'époque à laquelle l'attention générale a été sollicitée sur la question, il n'y a point de doute, il existe à l'heure actuelle un problème de la femme haïtienne dont il faut mesurer l'importance en raison de sa connexité avec les conjonctures tragiques dans lesquelles notre peuple est engagé.

.•.

En abordant, moi aussi — et à la suite de tant de personnalités prestigieuses — ce sujet souvent traité avec le talent le plus justement apprécié, je supplie qu'on ne m'accuse ni d'orgueil, ni de présomption. A la vérité, il n'est pas en mon pouvoir de me dérober à l'emprise des faits.

Récemment, il vous en souvient peut-être, j'ai inauguré une série d'études sur le rôle de l'élite dans la démocratie, eh ! bien, pour que ma tentative de réintégrer cette élite à sa vraie place, pour que ma prétention de lui indiquer un meilleur emploi de ses aptitudes ne soit ni vaine, ni inutile, il est tout-à-fait indiqué que j'examine, à mon tour, si la fonction que notre imprévoyance a assigné jusqu'à présent à la femme dans notre milieu social, n'est pas insuffisante et inférieure à son mérite éventuel, si un meilleur emploi des virtualités qu'elle porte en elle, n'eut pas été plus profitable à notre pays, si, enfin, son état présent de passivité n'est pas dû à une déficience intellectuelle.

Lorsque j'aurai présenté les raisons qui justifient mes divers points de vue, j'espère que j'aurai apporté en même temps des moyens à la solution de l'une des plus émouvantes questions de la vie haïtienne.

C'est à quoi je m'en vais consacrer quelques minutes d'examen.

.•.

A mon gré, c'est sur le double terrain économique et éducationnel, qu'il faut poser le problème.

Ses données tiennent en peu de mots:

« La misère ou la gêne est devenue un fait général dans l'ensemble de notre société et nos femmes — plus que nous-mêmes — les unes impuissantes, parceque encore plongées dans les barbaries abrutissantes de l'ignorance, les autres mal préparées par l'éducation qu'elles ont reçue au foyer ou à l'école — nos femmes plus que nous-mêmes, sont inaptes à résister, à tenir.

Telle est dans sa brutale nudité, l'essentiel de la question.

* *

On a dit avec raison, qu'il est possible d'apprécier le degré et la valeur d'une civilisation quelconque, rien qu'en tenant compte de la position assignée à la femme dans la société, parce que cette position dérive de tout un ordre de préoccupations et n'est, en définitive, qu'une conséquence logique d'une certaine conception de la vie, elle-même.

Mais alors, si cette hypothèse est admissible et vérifiable quels seraient la valeur et le degré de notre civilisation? En d'autres termes, quelle est la conception que nous nous sommes faite de la femme, au point de vue de la vie sociale?

Je crains bien que l'observateur fraîchement débarqué de ce côté-ci de l'île, ne soit quelque peu dérouté par la disparate de la position de la femme en Haïti.

Sans doute, ici comme partout ailleurs, il y a des catégories sociales, mais j'incline à croire que nulle part sauf dans les pays franchement soumis à la loi des castes, les catégories sont tranchées avec une telle violence d'expression.

— Et si, par hasard, il était besoin d'une preuve de plus pour déplorer le caractère hétérogène de notre société, s'il fallait un nouvel argument pour démontrer l'absence de cohésion qui empêche la soudure des éléments dont elle est faite, s'il fallait dénoncer, une fois de plus, l'égoïsme étroit qui fait

se mouvoir chacune des couches de notre agrégat
de telle sorte qu'elles semblent autant de pièces dé-
tachées d'un mécanisme sans ordre et sans harmonie, il suffirait de montrer la femme haïtienne exer-
çant son ministère dans le cadre où notre évolution historique l'a placée pour mettre en relief un
tableau de mœurs d'étrange composition.

Pour commencer, il faudrait dépeindre la masse
confuse des femelles, paysannes ensellées dont le
vêtement rêche et sommaire cache à peine les dé-
formations que la servitude économique a impo-
sées à la morphologie générale.

Chez celle-là l'habitude des longues inclinations
vers la terre, l'obligation des marches fatigantes et
pénibles en des sentiers rocailleux, par des altitudes
effrayantes pour atteindre les débouchés de la ville la plus proche, le port de lourds fardeaux et l'a-
vachissement des gestations répétées ont imprimé
un cachet *sui generis* à l'anatomie générale.

Il n'est pas indispensable qu'on soit un technicien pour s'apercevoir que, chez nos paysannes,
le squelette semble marquer une courbe plus nette vers les lombes, la musculature accuser des sail-
lies plus vigoureuses en certaines parties du corps
qui n'en augmentent ni la grâce, ni le charme. Le
tissu épithélial se durcit en masses cornées à la
plante des pieds et à la paume des mains L'arc du
talon s'infléchit et déborde en disproportions très
nettes –tout cela afin d'établir l'équilibre entre la
croissance de l'être et les conditions irrémissibles
de son milieu, afin de mieux adapter l'individu aux
nécessités de son métier La fonction crée l'organe.

Que ces créatures frustes et rudes n'aient—sous
le rapport physique –presque point de ressemblance avec la plastique des mondaines que nous ren-
controns aux hasards des carrefours et des salons,
—la remarque ne nous étonne que médiocrement.
Mais la différence entre elles devient encore plus
saisissante si l'on envisage, d'autre part, le rôle auquel ces deux catégories sont assujetties.

La paysanne est pour son homme le meilleur et
le plus excellent outil de travail dont il ait le ma-
niement.

Ailleurs, dans les milieux où la civilisation indus-
trielle a introduit le machinisme, l'ouvrier agricole a besoin d'un rudiment de connaissances en mécanique pour conduire la charrue à vapeur. Cette
exigence fait de lui déjà un produit de sélection.
En d'autres endroits, où il n'a pas encore atteint ce
degré d'évolution, patron de ferme ou simple journalier, il sait de quelle valeur précieuse est pour
l'exploitation à laquelle il est attaché une paire de
chevaux ou de bœufs de labour. Aussi bien c'est
presqu'avec tendresse ou tout au moins avec une
certaine affectuosité mêlée de bonhomie qu'il leur
parle, leur prodigue des noms, des soins multipliés
et des attentions incessantes.

Ici, où la culture de la terre n'est jusqu'à cette
date qu'à un stade primitif, où le paysan est mé-
tayer et petit propriétaire, la bête de ferme est d'a-
bord et surtout *la femme.*

L'homme, *le patron*, maitre et seigneur, s'adjuge
le gros œuvre, la besogne du défrichement qu'il
n'accomplit du reste qu'avec le secours des voisins,
en joyeuses agapes, au rythme des claires mélopées
et à la cadence dyonisiaque des refrains collectifs,
improvisés par quelque coryphée d'occasion, dans
le rayonnement des jours limpides et l'allégresse
du gai soleil Le reste est entièrement travail de femme. L'ensemencement, la cueillette, le port au marché voisin, tout ce la tombe dans le domaine de son
activité propre et, comme, en outre, elle est obligée, vaille que vaille de pourvoir aux soins du ménage, d'allaiter le nourrisson, de préparer le repas,
de blanchir et de repasser le linge, de sustenter le
reste de la marmaille si souvent nombreuse, il est facile de se rendre compte de la somme de labeur
qui échoit à la paysanne dont l'humeur placide et
la résignation moutonnière sont des gages d'absolue sécurité pour celui à qui revient la bonne for-

tune d'une telle providence. Il est tout aussi facile
de comprendre, étant donné la nécessité économique de la femme comme outil de travail pourquoi
le paysan le plus humble neuf fois sur dix agrémen-
te son existence de plusieurs de ces instruments
de prospérité. C'est aux yeux d'autrui un signe manifeste de considération et c'est à ses propres yeux
un moyen extensif de rendement.

Quelque fois afin de les mieux avoir en mains, il
les réunit sous un même toit, le plus souvent il les
place à proximité de sa principale habitation...

C'est là, on en conviendra, une façon pittoresque
et particulière de comprendre la vie.

Cette conception de la vie n'évoque-t-elle pas devant vous le souvenir de quelque civilisation de
jadis dont le charme agreste a peut-être séduit votre enfance ? N'avez-vous pas reconnu, en passant
un trait de mœurs africaines et orientales, une pratique normalement justifiée par la législation du
Coran, ou simplement un souvenir de mœurs pa-
triarcales telles que la Bible et l'histoire profane en
fourmillent. C'est qu'en définitive nous ne sommes
pas maîtres de nous dégager de notre filiation avec
le passé, non seulement avec le passé de notre
histoire proprement nationale, mais avec le passé plus lointain de nos origines ethniques. Que si
un ethnologue se penchait avec attention sur la
vie de nos campagnes, il lui serait aisé de reconnaître à certaines façons d'être que les 3 ou 4 siècles de transplantation humaine du pays d'Afrique
au pays d'Haïti n'ont point entièrement changé chez
nous des modes de penser et de croire, tout un
idéal de vie d'autant plus tenace qu'il repose sur
le substratum des instincts et des volitions...

Mais, direz-vous, en quoi cette remarque si fondée soit-elle, peut-elle nous affecter puis qu'enfin
ces femmes de nos campagnes n'ont qu'une vague
analogie avec celles qui font l'orgueil et la joie de
nos yeux dans nos homes ?

Il est vrai.

Cependant, le fait seulement qu'elles habitent le même lambeau de territoire que nous, qu'elles forment plus de la moitié de notre population, qu'elles sont le support le plus actif de notre vie économique, que c'est chez elles que nous recrutons le personnel de notre domesticité, le fait enfin qu'elles appartiennent encore à un stade d'évolution que nous avons simplement dépassé, tout cela crée une solidarité incontestable entre elles et nous—solidarité qui nous met vis-à-vis d'elles dans un rapport d'interdépendance qu'il serait puéril de nier. Elles sont - si je peux me permettre d'employer un terme de laboratoire—*des témoins* de ce que nos ancêtres furent jadis et nous représentons, pour elles, des possibilités d'étapes indéfinies,

Et puis, enfin, ne nous empressons pas de nous dégager de cette solidarité par aucun geste, aucune attitude à la façon du célèbre Proconsul romain en Judée.

Car il se produit dans les sociétés des phénomènes d'action et de réaction qui impliquent une telle pénétration réciproque des couches qu'elles semblent reproduire à leur manière les expériences classiques d'exosmose et d'endosmose.

Ainsi, par exemple, pour nous autres hommes, de l'élite qui nous prévalons d'hérédités plus complexes, qui avons sucé la moelle des traditions chrétiennes, nous qui nous nous enorgueillissons d'une culture raffinée, par quelles raisons pouvons—nous justifier cette prédisposition à la polygamie que nous cachons à peine sous le masque des hypocrisies mondaines ?

J'entends bien.

L'on me répondra qu'il en est ainsi sous toutes les latitudes.

Je ne suis pas loin d'admettre la distinction ingénieuse et finement aperçue par Faguet à savoir que l'homme est naturellement polygame par curiosité, par instinct de conquête (peut être aussi, ajouterais-je, par besoin de changement) et que c'est la civilisation qui le rend monogame par contrainte. J'y souscris. Mais encore faut-il remarquer que si chacun des groupements humains apporte dans la vie générale de l'espèce des tendances, des aptitudes, des instincts, ces innéités sont plus ou moins faciles à se développer, selon des circonstances, des conditions de milieu et de temps et,c'est bien là l'un des éléments qui constituent, à mon gré, le fond originel et distinctif de la race. Prise dans ce sens restreint, j'admettrai volontiers qu'il y a race et race et je suis autorisé à croire qu'en outre, des causes historiques déterminées, il faut rechercher dans les aptitudes de notre race haïtienne notre penchant pour la sensualité et notre goût immodéré des plaisirs de la chair.

Que si ce postulat est accepté, il n'y a pas d'erreur que nous autres hommes de l'élite, nous pouvons envelopper nos mœurs de plus de discrétion, nous pouvons y mettre la grâce du bon ton, il ne reste pas moins acquis que sans avoir l'excuse économique dont peuvent se réclamer nos frères d'en bas,nous partageons avec eux le souvenir d'habitudes orientales en conservant une inclination significative pour la polygamie discrète. C'est déjà entre eux et nous une analogie assez étrange et je me demande si c'en est la seule.

.·.

Nous avons essayé de faire voir tout à l'heure, à quel rôle de subalternisation humiliante l'homme des champs réduit sa compagne de manière à en faire un simple instrument de sa prospérité personnelle, et nous avons noté que ces mœurs constituaient une survivance curieuse des habitudes ancestrales de clans et de tribus. Que le est, en réalité, la conception que nous, de l'élite nous nous faisons du rôle de la femme au foyer?

Je sais bien que je vais scandaliser beaucoup de braves gens, mais au risque de faire crier au paradoxe, je ne crains pas d'affirmer qu'entre la conception paysanne et la nôtre, il n'y a que des degrés — comme il sied d'ailleurs, entre des êtres séparés par toute la distance d'une éducation soignée et l'absence complète d'éducation — comme il sied entre des gens qui peuvent opposer les uns, la discipline d'une volonté ordonnée au débridement des poussées instinctives, tandisque les autres n'ont aucun pouvoir d'inhibition, ni contre « l'obsession du sexe » ni contre l'entraînement qui conduit le plus fort à l'asservissement du plus faible. Au demeurant, les deux conceptions — la paysanne et la nôtre — se rejoignent et la seule différence qui les distingue l'une de l'autre, est en surface plutôt qu'en profondeur; car il y a similitude et constance originelle d'idées dans leur façon et la nôtre de traiter la femme.

Sans doute, on m'objectera que notre législation a spécifié les droits et les obligations de l'homme et de la femme vivant en communauté et que toute femme lésée dans ses droits peut en appeler à la majesté de la loi pour se faire rendre justice.

On me dira, en outre, que notre législation, fille de la législation française, n'est ni pire ni meilleure que celle dont elle dérive. On y retrouve même, mots pour mots, le fameux article 324 du Code pénal français devenu l'article 269 du code pénal haïtien, lequel accorde délibérément le droit de meurtre au mari outragé dans sa puissance de possession sur la femme su prise en flagrant-délit de la faute au foyer conjugal.

Je sais.

Au surplus, je m'incline sans sourire, au prononcé sacramentel de la formule que la loi place dans la bouche du Magistrat : « la femme doit obéissance à son mari et le mari aide et protection à sa femme. » Là est consignée la règle qui fixe les devoirs

réciproques des époux avec une inflexibilité tellement unilatérale que des deux parties en cause
une seule a probablement dressé les termes du
contrat...

Mais enfin, même si notre législation était parfaite à ce point de vue— et personne ne voudrait,
je suppose, soutenir cette absurdité— il ne resterait
pas moins à prouver qu'elle est adéquate à nos
mœurs, qu'elle est l'expression exacte de notre
mentalité. Cependant dans cette démonstration ré-
siderait le véritable intérêt du débat.

Or, le fait incontestable, c'est que dans la moyenne des cas, la femme de la bourgeoisie occupe
au foyer un rang qui la met fort au dessus de nos
domestiques ordinaires, c'est entendu, mais qui
n'en fait non plus ni notre associée intellectuelle,
ni notre égale dans la capacité de comprendre et
de saisir tout ce qui n'est pas immédiatement du
gouvernement du ménage et,. de cela, nous sommes les seuls responsables.

Jeune fille, elle est placée sous la tutelle étroite
et si souvent inintelligente des parents; mariée,
elle passe à la tutelle jalouse et souvent plus
étroite de l'époux: divorcée ou veuve, c'est l'opinion publique qui la régente— et l'on sait si sa
surveillance est mesquine et tatillonne.

Cette situation a été dénoncée en termes énergi-
ques comme étant celle d'autres sociétés, mais elle
est encore plus vraie appliquée à la nôtre.

Telle est la réalité que nos mœurs ont faite à la
femme et aucun texte légal, aucune phraséologie
juridique ne prévaut contre cette terrible puissance de la coutume.

L'autorité de l'homme, j'allais dire la prédomi-
nance du mâle— tyrannique ou débonnaire— s'e-
xerce ici incontestée.

Lui, satisfait n'a pas l'air de s'en apercevoir et
de son côté, la femme, elle,— ceci est plus curieux
— ne s'en plaint pas non plus, d'avance résignée,

d'avance lassée contre tout effort, comme s'il lui est
interdit d'entrevoir, de soupçonner une autre manière d'être.

N'est-il pas vrai qu'il y a une parenté indéniable
entre cette conception du rôle subalterne de la femme, réduite à une manière de domestique supérieure et celle qui en fait un instrument de travail?

N'est-il pas vrai que dans l'un et l'autre cas, elle
est non-seulement soumise à la loi de l'homme,
mais elle ne paraît exister qu'en fonction de son
plaisir et de son intérêt?

J'aperçois néanmoins des différences essentielles entre les deux catégories.

D'abord, s'il est vrai que dans la bourgeoisie
aussi l'homme commande, en vertu des droits
d'une lointaine origine et qui emprunte à cette an-
cienneté un caractère sacré, s'il ne consentirait
que très difficilement à abdiquer l'antique suprématie de son sexe, il n'en accorde pas moins des
compensations à sa compagne dont ils tirent l'un
et l'autre la justification de leur superbe et de leur
mutuelle vanité.

C'est lui qui travaille et le bénéfice que son labeur lui laisse sert, en partie, à la parer, elle, des
irrésistibles séductions du vêtement et de la joail-
lerie. Il tire gloire des murmures d'admiration que
le luxe de sa compagne ou de sa fille soulève sur
leur passage. Il est flatté des hommages rendus à
leur élégance...

Mais, c'est également là que surgit l'autre danger.

La femme, heureuse d'être un objet de luxe et
de plaisir, vivant dans un milieu où l'étalage des
vêtements riches, des carosses de prix, des demeu-
res cossues donnent non-seulement l'étiage de la
valeur sociale, mais l'étiage de toutes les valeurs
humaines, la femme, dans notre bourgeoisie, a ré-
tréci lentement son horizon au point que l'idéal
du bonheur, pour elle, se résume tout simplement
à *paraître, rien qu'à paraître.*

Dès lors, c'est la course vers plus de luxe apparent à qui l'emporte dans la rivalité ou dans l'imitation de quelque modèle chimérique— rivalité ou
imitation inavouée, peut-être, mais ruineuse et insensée, tout de même, dont les maris connaissent
l'amertune aux heures lourdes des échéances et aux
heures plus lourdes des banqueroutes

A qui la faute? Mais à nous, Messieurs, qui n'a-
vons pas su élargir le cadre des préoccupations
féminines, qui avons maintenu nos femmes dans
une situation d'infériorité et borné leurs aspirations
à choisir l'alternative ou à devenir des mères-gigognes ou à n'être que des instruments de plaisir et
des objets de luxe. Et malgré le retentissement
immédiat que de telles conditions paradoxales d'e-
xistence pouvaient exercer sur la marche de notre
société, surtout au point de vue moral, nous avons
accepté la gageure avec un entrain digne d'une
meilleure cause.

Nous ne nous sommes même pas aperçus qu'elle
nous menait insidieusement— elle aussi— à « la
faillite » dont on a dressé si complaisamment le bilan administratif et politique.

Hélas! un jour la rafale a courbé nos fronts vers
la honte de l'intervention étrangère et tout-à-coup,
voici que nous nous trouvons en face d'un problème féminin dont nous ne soupçonnons même pas
la gravité. Au reste, n'est-il pas regrettable que
personne jusqu'à présent ne l'ait encore dégagé
des éléments avec lesquels il est confondu dans le
problème d'ordre général que *l'intervention américaine* a placé devant nous?

*
* *

Or, avant 1915, qu'on le déplore ou qu'on s'en
loue la direction politique du pays, dépendant entièrement des mains haïtiennes, avait marqué de
son empreinte toute l'activité sociale.

d'avance lassée contre tout effort, comme s'il lui est
interdit d'entrevoir, de soupçonner une autre manière d'être.

N'est-il pas vrai qu'il y a une parenté indéniable
entre cette conception du rôle subalterne de la femme, réduite à une manière de domestique supérieure et celle qui en fait un instrument de travail?

N'est-il pas vrai que dans l'un et l'autre cas, elle
est non-seulement soumise à la loi de l'homme,
mais elle ne paraît exister qu'en fonction de son
plaisir et de son intérêt?

J'aperçois néanmoins des différences essentielles entre les deux catégories.

D'abord, s'il est vrai que dans la bourgeoisie
aussi l'homme commande, en vertu des droits
d'une lointaine origine et qui emprunte à cette an-
cienneté un caractère sacré, s'il ne consentirait
que très difficilement à abdiquer l'antique suprématie de son sexe, il n'en accorde pas moins des
compensations à sa compagne dont ils tirent l'un
et l'autre la justification de leur superbe et de leur
mutuelle vanité.

C'est lui qui travaille et le bénéfice que son labeur lui laisse sert, en partie, à la parer, elle, des
irrésistibles séductions du vêtement et de la joail-
lerie. Il tire gloire des murmures d'admiration que
le luxe de sa compagne ou de sa fille soulève sur
leur passage. Il est flatté des hommages rendus à
leur élégance...

Mais, c'est également là que surgit l'autre danger.

La femme, heureuse d'être un objet de luxe et
de plaisir, vivant dans un milieu où l'étalage des
vêtements riches, des carosses de prix, des demeu-
res cossues donnent non-seulement l'étiage de la
valeur sociale, mais l'étiage de toutes les valeurs
humaines, la femme, dans notre bourgeoisie, a ré-
tréci lentement son horizon au point que l'idéal
du bonheur, pour elle, se résume tout simplement
à *paraître, rien qu'à paraître.*

Dès lors, c'est la course vers plus de luxe apparent à qui l'emporte dans la rivalité ou dans l'imitation de quelque modèle chimérique— rivalité ou imitation inavouée, peut-être, mais ruineuse et insensée, tout de même, dont les maris connaissent l'amertune aux heures lourdes des échéances et aux heures plus lourdes des banqueroutes

A qui la faute? Mais à nous, Messieurs, qui n'avons pas su élargir le cadre des préoccupations féminines, qui avons maintenu nos femmes dans une situation d'infériorité et borné leurs aspirations à choisir l'alternative ou à devenir des mères-gigognes ou à n'être que des instruments de plaisir et des objets de luxe. Et malgré le retentissement immédiat que de telles conditions paradoxales d'existence pouvaient exercer sur la marche de notre société, surtout au point de vue moral, nous avons accepté la gageure avec un entrain digne d'une meilleure cause.

Nous ne nous sommes même pas aperçus qu'elle nous menait insidieusement— elle aussi— à « la faillite » dont on a dressé si complaisamment le bilan administratif et politique.

Hélas! un jour la rafale a courbé nos fronts vers la honte de l'intervention étrangère et tout-à-coup, voici que nous nous trouvons en face d'un problème féminin dont nous ne soupçonnons même pas la gravité. Au reste, n'est-il pas regrettable que personne jusqu'à présent ne l'ait encore dégagé des éléments avec lesquels il est confondu dans le problème d'ordre général que *l'intervention américaine* a placé devant nous?

.·.

Or, avant 1915, qu'on le déplore ou qu'on s'en loue la direction politique du pays, dépendant entièrement des mains haïtiennes, avait marqué de son empreinte toute l'activité sociale.

Il est, en effet, facile à démontrer que ce n'est pas seulement le personnel politique changeant dont le statut incertain n'a jamais découragé l'âpre concurrence d'ailleurs, ce n'est pas seulement le personnel politique qui bénéficiait de cet état de choses, comme la pauvre bêtise de certains publicistes le proclame à l'envi.

L'État, ici comme partout ailleurs, est un rouage d'une très grande complexité.

Ainsi, par exemple, responsable de la sécurité des citoyens à l'intérieur, protecteur et défenseur de leurs droits, de leurs intérêts à l'extérieur, l'État— à part le peuple de fonctionnaires à qui il délègue sa puissance de direction à ce point de vue-là— est bien obligé de posséder une armée, une marine, un corps de police qui sont autant d'organismes grands et petits à l'entretien desquels il est tenu de pourvoir. N'ayant chez nous ni fabriques en régie, ni monopoles de production et, étant d'autre part, impropre, par nature, à la souplesse des combinaisons commerciales, il ne peut réaliser lui-même les achats, les échanges qu'impliquent l'existence et l'entretien de ces vastes organismes ; d'où il résulte qu'il lui est malaisé de remplir l'une de ses fonctions les plus impératives sans l'assistance normale d'intermédiaires, à moins de se trouver engagé en des difficultés extrêmes. De là l'inscription à son budget annuel, d'importantes valeurs destinées à couvrir ces dépenses. Que les centaines de milliers de dollars jetés périodiquement dans la circulation générale de ce fait aient é é quelque fois détournés de l'objet justificatif de ces ouvertures de crédit, j'en conviens volontiers. Là n'est pas la question non plus.

Mais, que les opérations variées et multiples auxquelles ces marchés donnaient lieu aient exercé une certaine répercussion sur la vie économique et financière du pays par leur retentissement sur l'assiette de l'impôt, par toutes les opérations d'emprunt, de conversion, de consolidation de la dette,

par les mouvements des valeurs mobilières et des
changes auxquels aboutissaient ces tractations et
qui constituaient la physionomie spéciale de notre
commerce--c'est ce dont tout le monde conviendra
sans peine, j'imagine.

Qu'en outre; l'étranger marié ou non à l'haïtienne, mais mêlé à notre vie où il donne le ton à
l'occasion, en ait tiré honnêtement ou non un gain
indéniable de toutes les façons, et entr'autres, par
la source intarissable des affaires diplomatiques
qui, en bien des cas, se résumaient « en affaires »
tout court— c'est encore une observation juste et
fondée.

Qu'en fin de compte, bénéfices et profits se soient
changés en accroissement d'aisance dans les foyers
de la bourgeoisie, c'est certainement un autre
point sur lequel il est facile de faire l accord.

Mais, au fait, la bénéficiaire ultime de cet état de
choses n'a jamais été autre que la femme dont
l'ingéniosité muait en colifichets de luxe la fin dernière de ces opérations commerciales adroites et
lucratives.

A la rigueur, le moraliste pourrait lui reprocher
de n'avoir jamais questionné son partenaire, même
d'un regard interrogateur sur la provenance— oh
combien de fois inavouable ! — de l'argent qui ser-
vait ainsi à étendre leur bien-être matériel. Le moraliste pourrait remarquer que c est le plus souvent— ne disons pas toujours— pour lui plaire
que le partenaire a oublié ou méconnu, en maintes circonstances, le sens de l'honneur dans ces
tractations et qu'ainsi la femme de la bourgeoisie
a contribué par ricochet à l'affaissement des caractères...

Quoiqu'il en soit, on s'en allait, répétant, à la
vérité, que les insurrections incessantes, l'instabi-
lité politique menaçaient la sécurité même de la
jouissance.

Je ne sais s'il ne faudrait pas ajouter que l'ap-
préhension de la débâcle toujours imminente, l'in-

tuition de la nature éphémère de la situation met-
-tait comme un frémissement unique de sensibilité,
comme une âpreté à la joie de vivre de ces délicieux artistes...

Eh bien! un jour la sécurité vint sous la forme
que vous savez, mais aussi elle amena, à sa suite,
la dépossession ou la menace de dépossession de
quelques uns des privilèges les plus notoires de la
bourgeoisie — privilèges politiques, privilèges de
rang, privilèges de préemption dans les adjudica-
tions des marchés.

Du coup, notre existence s'en est trouvée profondément modifiée et, selon la loi des incidences
économiques, toutes les modalités de la vie sociale en pâtissent, à commencer par les professions
libérales — dernier rempart de l'élite — mais qui ne
s'alimentent que dans la mesure où la prospérité
générale se maintient, s'accroît ou décroît. Et voilà comment en aggravation d'autres causes que
nous avons déjà signalées en nos précédentes conférences, une véritable perturbation a secoué le fondement même de l'aisance bourgeoise. Ne me demandez pas de vous dire au profit de qui cette révolution a été faite, car c'en est une, ce sera l'histoire de demain. Dans tous les cas, l'élite désem-
parée cherche maintenant sa voie.

Les hommes, jeunes ou vieux, quémandent du
travail, travail d'ateliers ou de bureaux aux nouveaux venus. D'autres, se sont retournés vers la
terre, ou vers les industries adventives de la terre.
Mais les femmes ?

Jeunes filles, beaucoup d'entre elles avec ce
sens de la divination qui est un des apanages du
sexe, ont voulu immédiatement tourner l'aventure en un bénéfice non équivoque. Il s'agissait
tout simplement de faire la substitution en trou-
vant des maris parmi les nouveaux maîtres. Il n'y
aurait eu qu'un changement de personnes — avec
avantage peut-être. L'on sait à quelles affreuses
déconvenues ont abouti certaines tentatives de ce

genre. Et alors, bon gré, mal gré, elles furent obligées de revenir à leur point de départ, c'est-à-dire de se retourner vers ceux à qui elles semblent être toujours destinées.

Comme, d'autre part, et très malheureusement, toute l'éducation qu'elles ont reçue ne les a formées qu'en vue d'une seule chose : le mariage ; cette préparation spéciale ayant failli à son objet essentiel, nos jeunes filles se sont vues brusquement inaptes à se garantir contre les risque et les multiples inconvenients de la vie hors du mariage.

Ah ! si vous voulez savoir à quelle navrante déroute d'idéal nous avons acculé une partie de notre société, consultez, confessez notre jeunesse féminine sur ses désirs, ses projets et ses espérances, vous serez stupéfaits de la mélancolie des confidences et de la rancœur des déceptions qui émanent de ces âmes ardentes et tourmentées !

Car, que l'on ne se fasse pas d'illusion, avec le bouleversement de la vie économique et la misère qui en est la conséquence immédiate ou prochaine, nous sommes en présence, en ce moment ci, d'une crise du mariage que les statistiques ne révèlent pas au grand public pour la raison très simple qu'il n'existe pas de statistiques générales, mais que le simple bon sens laisse trop facilement découvrir Et, en admettant même que les déductions du bon sens soient prises là dessus en instance d'erreurs, nous ne trouverions pas moins la confirmation de notre impression dans quelques notes brèves qui nous ont été obligeamment fournies par la défunte Chambre des Comptes, par certaines municipalités et quelques aimables fonctionnaires.

Ainsi, je prends l'exemple du Département de l'Ouest, au point de vue de la fréquence du mariage, pendant les huit dernières années

Cette période qui s'étend de 1909 à 1917 nous fournit en bloc le chiffre de *8658 mariages* pour tout le Département dont la population est approximativement évaluée à 789 000 âmes, ce qui donne une moyenne de 1082 mariages par an pour l'ensemble de la population et *seulement 1 mariage par an et par 1000 habitants.*

Vous avouerez que c'est peu, que c'est fantastiquement peu.

Ne croyez pas, je vous en prie, qu'il s'agit là de fantaisie d'arithméticien, encore que vous puissiez distinguer, il est vrai, que les 780 000 *âmes* du Département de l'Ouest viennent pour les deux tiers des districts ruraux où le mariage n'est pas fréquent. Je ferai observer néanmoins que l'Ouest possède des villes de grande densité telles que Port-au Prince et Jacmel. Il possède en outre des agglomérations importantes telles que Léogâne, Petit Goâve, Bainet. Que si l'on comptait les populations sédentaires de ces villes et des bourgs de moindre importance, je suis certain qu'on arriverait à un chiffre qui ne serait pas proportionnellement plus élevé à la moyenne que nous venons d'énoncer.

Et d'ailleurs, si nous partageons en deux parties égales la période de 8 années sur laquelle nous établissons nos calculs, nous décelerons plus promptement et plus clairement la crise que nous dénonçons.

En effet, la première période de 4 années qui s'étend de 1909 à 1913 accuse un total de 5448 *mariages* sur le chiffre global de 8658 déjà indiqué tandis que la seconde période qui va de 1913 à 1917 ne fournit plus que 3210 *mariages*, soit un déficit de 2238 *mariages* sur les 4 années précédentes, soit enfin un déclin de 559 *mariages en moyenne par an.*

Vous entendez bien, dans le Département de l'Ouest depuis 4 ans il y a une *moyenne de 559 mariages de moins chaque année que l'année précédente.*

La crise est donc manifeste.

Quel dommage que je ne puisse pas la circonscrire davantage en vous présentant des chiffres qui se rapportent exclusivement à la ville de Port-au-Prince et plus exclusivement encore à la bourgeoi-

sie aisée ! Cela eut été facile, si l'honorable magistrat de l'Etat civil qui s'occupe du centre et des
quartiers riches, avait pu ou voulu me communi-
quer ses régistres . . .

Quoique il en soit si nous nous référons aux re-
levés démographiques établis par la municipalité
intelligente du Cap-Haïtien, nous nous trouverons
en présence d'une situation également très grave et
très suggestive.

Oyez plutôt.

Au Cap Haïtien, sur une population *avouée*— je
dis *avouée* parce que la peur du gendarme est à ce
point profonde qu'on se méfie toujours quand il se
présente dans les foyers pour recueillir des renseignements si inoffensifs que ces renseignements semblent paraître d'abord – donc sur une population
avouée de 14,056 habitants, il y a, au Cap Haïtien,
une proportion de *5842 individus* du sexe masculin
contre 8214 du sexe féminin, soit une différence de
2372 *individus* du sexe féminin en plus. En d'autres
termes, il y a presque *deux-fois plus de femmes que
d'hommes* dans la métropole du Nord. *Pour chaque homme, il y a à très peu près deux femmes.*

Mais l'observation devient encore plus tendan-
cieuse lorsqu'au lieu de considérer le chiffre en bloc
on s'arrête au détail, alors là on est susceptible de
faire des découvertes savoureuses.

Envisageons, par exemple, l'âge moyen où l'on
se marie habituellement dans ce pays et choisis-
sons-le avec la plus large générosité possible, eh
bien, que constatons-nous? Toujours dans notre
ville du Cap, il y avait au 31 Décembre 1917, *1438
hommes*, âgés de 19 à 33 ans, d'une part ; d'autre
part, 2734 *femmes* du même âge. La statistique qui
est malheureusement incomplète, n'a donné ni les
détails des professions ni l'état civil des individus
dénombrés. Mais faisons une hypothèse extrava-
gante. Supposons que tous ces individus soient ma-
riés, il n'en resterait pas moins du chiffre original
de 2374 *femmes* âgées de 19 à 33 ans, 936 *malheu-*

reuses qui, à l'heure actuelle, ont tout-à-fait manqué à la seule destinée à laquelle notre imprévoyance les a vouées, c'est-à-dire à la vie du mariage.

La ville du Cap est-elle sous ce rapport une exception et par conséquent en état d'infériorité sur les autres villes et le reste de la République? Qui oserait le soutenir? La situation est peut être pire ailleurs. Car notre Département du Nord est encore celui qui fournit le moins de recrues masculines à l'exode en masse qui dépeuple l'Ouest et le Sud de tant d'unités de sélection.

Et d'ailleurs, mon hypothèse est renforcée si je m'en rapporte aux notes que je dois à la bienveillance de l'honorable M. Frédéric César, Officier de l'Etat Civil de la Section Sud de Port-au-Prince, où je relève une augmentation de 193 filles sur un nombre total de 5.577 enfants des deux sexes pendant les 5 dernières années 1913 - 1917.

Et puis, enfin, voici venir la ville et la commune de Saint-Marc qui, dans une tentative infructueuse de statistiques, nous offrent sur une population globale de *10.930 habitants* 3366 *individus* de sexe masculin et 3595 de sexe féminin, plus 3.972 enfants. (Il est infiniment probable en ce qui concerne ce dernier chiffre, que les statisticiens qui sont, par moment, des gens facétieux pensent que les enfants n'ont pas de sexe, puisqu'ils ont dit tout simplement 3972 *enfants* sans désignation de sexe.)

Au surplus, ils ont totalement négligé de nous indiquer à quel âge ils ont convenu d'assigner la limite de l'enfance. Dans tous les cas, malgré les réserves qu'implique sa grande défectuosité, cette tentative de statistique a aussi démontré l'excédent de la population féminine qui dépasse la population masculine de 229 unités sur l'ensemble des chiffres énoncés. Que, si nous pouvions avoir le mouvement démographique du pays tout entier, je crains que nous n'eussions devant nous des données effrayantes d'un problème très sérieux à savoir qu'il y a actuellement, en Haïti plus de beau-

mes que d'hommes— *peut-être dans la proportion
de deux femmes pour un homme.*

Comme nous n'élevons nos filles, non point dans
le respect et la dignité de la personne humaine,
en leur assignant pour fin ultime le maximun de
croissance intellectuelle et morale de l'être, mais
seulement en vue d'assujétir un sexe à l'autre, ce
but étant devenu matériellement inaccessible pour
la moitié de la population féminine, qu'allons-nous
faire *des pauvres laissées-pour compte?*

Si douloureuse que soit ma réponse, je suis obligé d'avouer que, à mon gré, cette génération de jeunes filles ainsi qu'une grande partie de nos jeunes
gens de la bourgeoisie, est une génération de sa-
crifiées Certes, beaucoup de jeunes gens ont com-
mencé à se durcir les muscles dans des travaux
manuels de toute sorte. Quelques jeunes filles aussi se débrouillent tant mal que bien. On en voit
qui rompent avec les vieilles habitudes de notre
milieu en acceptant joyeusement des emplois d'ou-
vrières de fabriques maigrement rétribués, sans
doute, mais capables d'assurer tout de même l'indépendance de leur vie. D'autres encore, sans re-
douter les promiscuités des bureaux publics qui
eussent scandalisé leurs grand'mères, demandent
à la dactylographie des ressources pour faire aller
le train de la maison de famille. Mais le plus grand
nombre est condamné à la misère du foyer ou pis
hélas! à l'autre chose inommée qui ne tardera pas
à faire tâche d'huile.

Allons nous attendre béatement que la question
atteint une phase plus aiguë pour nous décider à
agir? Ou bien resterons-nous les bras croisés pour
attendre que ce «bonheur» là aussi nous tombe
«du ciel étoilé»?

.·.

Je disais, au début de cette étude, que c'est sous
l'angle économique et éducationnel que nous de-

vons envisager les aspects du problème et nous at-
taquer à sa solution.

Nous avons essayé de justifier ce double postulat en démontrant comment le déplacement de la
direction politique a, par contre-coup, sapé les as-
·ses de l'aisance bourgeoise et mis en péril la situation de la femme dans notre foyer.

Il nous reste maintenant à indiquer par quels
procédés de réajustement, nous devons tenter de
rétablir l'équilibre au profit de la femme et à notre
profit propre, je veux dire au mutuel avantage de
l'une et de l'autre partie.

.·.

D'abord, la première, la plus profonde, la seule
vraie réforme qu'il faille envisager, c'est un retour
sévère sur nos idées, un prompt et définitif renoncement à notre conception antique du rôle inférieur
de la femme. Changeons nos sentiments là-dessus,
nous serons étonnés de voir combien tout le reste
nous viendra par surcroît.

Qu'on ne s'imagine pas que par snobisme, je suis
un théoricien de féminisme outrancier. Je vous ferai grâce de mon avis en ce qui concerne cet autre
aspect de la question parce que j'aurais anticipé de
plusieurs siècles sur les possibilités de notre milieu.

Ce que j'entends faire valoir maintenant c'est que
dans l'évolution si intéressante de notre peuple,
les hommes, au point de vue intellectuel, ont dépassé les femmes et sont parvenus à atteindre un
tel niveau qu'il s'est établi une sorte de désharmonie choquante entre ces facteurs destinés à colla-
borer pourtant à l'œuvre collective du progrès moral, social et intellectuel. Il en est résulté un certain malaise — malaise aggravé par la surpopula-
tion de l'élément féminin et l'accroissement de la
misère générale. Voyons en quoi une meilleure é-
ducation peut nous aider à combattre le mal

*
* *

Et tout de suite apparaît une pressante interrogation.

De quelle doctrine s'est-en inspiré, à quels mobiles a-t-on obéi pour établir l'enseignement destiné à nos femmes? Quels résultats en a-t-on tirés?

La réponse à ces diverses questions eut été simple et expéditive, si je m'en rapportais seulement au texte des programmes officiels sur l'enseignement secondaire des jeunes filles, et aux prescriptions légales qui prétendent en assurer l'exécution.

En effet, lorsqu'on considère le nombre et l'importance des matières que renferment ces programmes l'ordre dans lequel elles ont été classées, les instructions ministérielles qui en indiquent l'enseignement, on ne peut que louer l'esprit élevé dans lequel ils ont été conçus, et en conclure que de leur application doit résulter la culture libérale de la femme haïtienne.

Il suffit d'y jeter un coup d'œil rapide pour remarquer, entr'autres choses, un plan d'études réparti en 3 cours qui embrasse en lettres : la littérature française à partir de ses origines jusqu'au XIXᵉ siècle, l'ensemble des littératures anglaise et espagnole, les littératures anciennes Greco-romaines ; en sciences : les sciences mathématiques, physiques et naturelles, la cosmographie, la psychologie, l'histoire, l'économie domestique, etc, etc.

Excusez du peu !

L'enseignement de toutes ces matières se tient et s'agence de façon admirable... sur le papier. Et ce pendant, s'il faut chercher un criterium pour asseoir notre jugement et ne nous arrêter alors qu'au résultat auquel on a abouti depuis une trentaine d'années environ que ce régime est en honneur,—quelle pauvre chose que la culture féminine dans ce pays !

Évidemment, on peut m'objecter que tous les ans l'État convoque un jury composé de gens instruits

qui fait subir des épreuves à quantité de jeunes
filles et à la suite de quoi des diplômes sont octroyés
à nombre d'entre elles. J'ai même lu certaines fois
d'aimables compositions littéraires émanées des
lauréates et publiées dans le « Bulletin Officiel du
Département de l'Instruction publique. » Mais que
diable deviennent toutes ces choses 5 ou 6 ans
plus tard ? Faut-il croire —en admettant que les programmes aient été intégralement appliqués —que
les jeunes filles mariées ou non, s'empressent de
se lester de tout ce bagage scolaire parcequ'elles
n'en trouvent point l'emploi dans le monde ou au
foyer ?

Oh ! alors, s'il en était ainsi, le reproche de leur
insuffisance retomberait sur les hommes d'abord,
parcequ'il n'y aurait pas de doute que les femmes
se seraient mises tout simplement au niveau des
hommes.

Encore que cette dernière remarque contienne
une parcelle de vérité, elle ne saurait infirmer l'observation énoncée plus haut à savoir que chez nous
les hommes sont plus instruits que les femmes.
Cela est notoire et se dispense de démonstration.
Non, décidément il faut chercher ailleurs l'explication de l'indigence intellectuelle de nos compagnes.

Il nous semble que l'éducation de la femme haïtienne pèche d'abord moins par l'application complète ou incomplète des programmes qui sont, entre parenthèse, d'effrontés mensonges officiels, que
par la *conception et la méthode* mêmes grâce aux
quelles cette éducation est donnée.

Dans les établissements les plus achalandés, où
la bourgeoisie va puiser sa culture et les principes
de la civilité puérile et honnête, c'est la méthode
du dressage intellectuel qui est en honneur —méthode chère à la célèbre Compagnie fondée et illustrée
par Ignace de Loyola et qui est passée sous une
forme plus ou moins altérée dans la pratique générale des diverses Congrégations enseignantes.

La doctrine préconise qu'elle est *d'abord* une propagande de la foi et qu'elle se sert de l'Instruction comme *moyen* de préparer des âmes pieuses à la gloire de Dieu et à l'établissement de son règne. Elle se méfie des lumières de la raison qui sont trompeuses et peuvent nous mener en de fausses voies.

Dès lors n'est-il pas recommandable de soumettre l'esprit à une discipline où l'initiative intellectuelle n'a que peu de prises de manière à le faire se mouvoir en des cadres déterminés et en vue des fins d'avance désignées ?

Qu'à cela on ajoute des exercices multiples de piété qui assouplissent la volonté à l'obéissance, on aura un schéma fidèle de la discipline des Congrégation auxquelles est dévolue la formation de notre jeunesse intellectuelle. Qu'importent donc les exigences de tels programmes si l'habileté et l'ingéniosité peuvent les plier aux buts essentiels de la Doctrine. Il n'est pas rare étant donné ces conditions, de voir que des matières qui ne concernent point les desseins du prosélytisme religieux, sont enseignées avec un formalisme qui en laisse la substance, pour ainsi dire, inattaquée. D'autre part, l'appel systématique à la mémoire qui est le défaut communément répandu dans la méthodologie des écoles haïtiennes, grâce à des exercices de répétitions réitérées, fait naître l'illusion que les matières enseignées ont été digérées et assimilées.

Je ne critique pas, je constate. Qu'une telle éducation ait produit des personnes instruites tout de même, c'est un hommage que je rends très volontiers au très petit nombre de celles qui en ont bénéficié et surtout aux maitresses qui ont réussi ces tours de prestidigitation. Mais que la méthode fournisse ici plutôt un énorme déchet, c'est ce que je me permettrai d'affirmer en toute indépendance parcequ'il m'est avis qu'une méthode d'éducation vaut non seulement par ses résultats immédiats mais surtout par la semence de curiosité

qu'elle jette dans l'esprit de manière à le rendre
plus apte à d'ultérieures frondaisons et plus
propre à l'éclosion de prochaines moissons. Ce
n'est qu'un truisme de répéter, après tant d'autres,
que le bourrage mécanique, le chauffage à blanc
en vue de l'examen imminent ou en vue de réaliser
telles autres visées pressantes est de peu de valeur
pour le développement intellectuel. Ce qui fait un
individu instruit c'est après sa puissance d'assimilation, la possibilité qu'il a de faire la mise au point
des connaissances déjà acquises et la possibilité
plus grande pour lui de se hausser à l'immense
champ de savoir qui s'étale à l'infini . , .

Et maintenant est-il difficile —étant donné la méthode et la doctrine qui prévalent dans la culture
des femmes— de comprendre pourquoi le dressage
intellectuel est de peu de secours à nos jeunes filles quelque temps après qu'elles ont laissé le cou-
vent ?

Privées de la tutelle à laquelle elles empruntaient
une ombre de personnalité, vivant dans un milieu
dont elles contribuent à former l'atmosphère avec
celles qui l'y ont précédées, dépourvues, d'autre
part, des multiples avantages que la civilisation
moderne a élevés ailleurs au rang d'agents de l'é-
ducation et qui sont, au surplus, autant d'occasions
où les foules viennent se « frotter la cervelle »:
théâtres qui agitent des questions d'esthétique et de
morale, salles d'exposition, de concert où l'art du
musicien, du peintre ou du statuaire spiritualise les
goûts et affine les sensibilités, dépourvues de tout
cela il ne resterait plus aux jeunes filles qu'une
chance d'agrandir leur savoir c'est celle qui s'ac
quiert à la fréquentation des maitres de la pensée
par la lecture méthodique et réfléchie. Hélas! à la
qualité des conversations mondaines qui traînent
dans les écœurantes banalités des potins, au choix
des lectures révélé par la statistique des bibliothè
ques publiques, on peut discerner la pauvreté des
aspirations et des goûts de nos jeunes filles

Néanmoins, il existerait encore une toute dernière ressource qui s'offrirait à celles d'entre elles qui seraient anxieuses de s'instruire plus amplement. Ce serait qu'elles trouvent en nous autres hommes des compagnons aimables qui les associent à nos préoccupations intellectuelles.

Ah! quand d'aventure, il échet à notre mérite de remplir ce rôle d'initiateur, nous prenons une telle attitude de professeur rébarbatif et sermonneur que nous devenons promptement des hôtes incommodes, des fâcheux qui font bailler les belles derrière leurs éventails. On eut dit, en vérité, que nous sommes incapables d'éviter l'écueil: ou bien de nous affubler du masque comique d'ambassadeurs gommés et solennels du savoir, ou bien de profiter du moindre tête-à-tête avec les élégantes pour leur glisser des compliments fades, banaux et moisis.

N'est-ce pas, sans être un critique, on peut affirmer que 9 fois sur 10 chaque couple qui s'isole dans les rencontres mondaines se trouve dans la situation suivante. L'homme, jugeant sa compagne incapable de s'intéresser à autre chose qu'au "jeu de l'amour et du hasard", entame d'abord une conversation sur n'importe quoi pour la laisser tomber tout aussitôt, si sa voix ne se mouille de tendresse, si ses yeux ne s'humectent de mélancolie pour implorer je ne sais quel unisson d'âmes. Oh! alors, sans y prendre garde, quelque chose comme une ombre se faufile entre les causeurs... Le reconnaissez-vous? C'est l'Amour qui passe, froufroutant d'impertinences voilées, gâcheur éternel de minutes exquises qui eussent pu être si productives de camaraderie intellectuelle...

Voilà le tableau de nos mœurs mondaines telles que la vie les a faites.

La touche en paraît-elle sombre?

Je réponds qu'elle est simplement fidèle à la réalité.

C'est à vous, c'est à nous, Messieurs, qu'il appartient de rendre cette réalité plus souriante et plus sereine.

Que faut-il donc faire ?

*
* *

Le première action bienfaisante qu'indiquent la cause et l'étude du mal, ce serait que nos écoles modifient et améliorent la méthode dont s'inspire la culture féminine jusqu'à présent, ce serait, en outre, que, nous autres hommes, nous nous dépouillions de notre défroque surannée de *supérieurs* par droit divin, et ce serait enfin, que nous nous rendions compte que tout change autour de nous.

Eh! oui, il y a dans la terrible commotion qui, à l'heure actuelle, ébranle le monde, une révision totale des valeurs, une révision du sens même de la vie, à laquelle nous devons être attentifs en affirmant notre volonté d'en tirer des motifs de conduite et des chances d'une nouvelle directive.

A qui apprendrai-je, en effet, les rôles étonnants remplis par des femmes en Europe et ailleurs depuis quatre ans comme soldats, ingénieurs, membres de gouvernement, déléguées à des conférences?

Faut-il vous rappeler que ce changement qui a pris un caractère hautement révolutionnaire en maints endroits, n'est devenu possible que parcequ'antérieurement à la grande guerre les femmes d'Europe et d'Amérique avaient déjà opéré la conquête du haut enseignement et avaient, par là, ouvert une brèche nouvelle à leur activité?

Bien que les mêmes nécessités ne nous garrotent pas et qu'il eut été abusif d'établir je ne sais quelle analogie déplacée, n'est-il pas vrai cependant que la préparation de nos femmes à la vie pratique et à la plus haute culture doit s'inspirer d'une pédagogie moins formaliste et plus en rapport avec la vie du siècle?

Eh! oui, qu'on s'en plaigne ou qu'on s'en réjouis-
se, nous vivons à une époque où la piété si ardente et si sincère soit-elle ne suffit plus à tenir la première place dans les préoccupations quotidiennes
de la vie des femmes.

Il est probablement utile que les apôtres de la
Foi songent à faire le plus de recrues possibles au
royaume du Ciel, mais pour le moment qui passe
avec ses exigences grossières, nous sommes d'a-
bord les habitants de la terre au XXe siècle et de
cette terre nous occuppons une très petite étendue qui s'appelle *Haïti*. Ce sont des conditions de
fait dont *tout notre enseignement* doit s'inspirer.

D'autre part, un autre fait nous accable de ses
conséquences, il serait naïf et dangereux de l'ignorer. A tort ou à raison, nous vivons en un temps
où les sciences appliquées pénètrent toute l'activi-
humaine. En définitive, toute culture qui, dans notre
pays, continuerait à ne pas tenir compte des conditions et des circonstances que je viens d'indiquer
de façon sommaire, est d'avance condamné à l'é-
chec quant à ses résultats et à la stérilité quant à
son objet.

En ce qui concerne l'éducation de la femme haïtienne notamment, il serait souhaitable que l'Etat
dont la mission n'est pas précisément de préparer
des candidats à la vie future, il serait désirable que
l'Etat laïque fasse un effort d'organisation de l'enseignement féminin non point en édictant des programmes magnifiques qui restent lettres mortes
par ce qu'inadéquats à i'impréparation de son personnel et au délabrement matériel de ses écoles,
mais en modifiant, en élevant l'esprit des méthodes, en surveillant leur application et en les rendant conformes à l'évolution de la vie dans le siècle où nous sommes. Ainsi, ce n'est pas seulement
— il est aisé de le comprendre— des ébauches d'é-
coles normales primaires ave un organisme étriqué
et rudimentaire qu'il faut établir.

Le résultat qu'on y peut obtenir— si brillant qu'il soit— n'atteindrait pas le but qu'il importe de viser. De tels établissements ne s'adressent qu'à la catégorie élémentaire de l'enseignement et suffisent à leur objet. Ce qu'il faut faire, c'est de franchir cette première étape en préparant la voie à des organismes supérieurs où l'étude des lettres, de la science et des arts soit entreprise de façon désintéressée ou pratique— mais complète.

Ainsi se fera l'éclosion d'une pépinière de maîtresses dont le mérite professionnel garanti contre les risques de l'existence et l'arbitraire du favoritisme administratif par son statut légal et par son traitement élevé, se consacrera fructueusement à la noblesse de préparer *la femme nouvelle à la Cité nouvelle.*

Alors naîtra de cette mutation des moyens, des gens et des mœurs, cette femme de demain dont j'appelle l'apparition de toute l'ardeur de mon âme et de toutes les aspirations de mon cœur.

*
* *

Donc, en résumé, *la femme de demain* surgira des ruines de notre conception archaïque à savoir qu'un sexe est forcément subordonné à l'autre.

La nature elle-même s'insurge contre cette interprétation mensongère de ses desseins. Car, dans l'échelle des êtres vivants et au point de vue strictement biologique, les sexes se complètent sans qu'il y ait de hiérarchie de l'un à l'autre. Si, selon l'expression de Michelet, la femme est douze fois une malade c'est que chaque fois douze fois elle renouvelle par le symbole de la douleur, la rançon que c'est par elle surtout que l'espèce garantit la pérennité de sa survivance.

De hiérarchie ou d'infériorité il n'y a nulle trace, mais simplement diversité et variété de fonctions

et de devoirs. Nous sommes associés deux à deux
à une œuvre auguste dont la grandeur dépasse
nos misères individuelles...

La femme de demain sera physiquement aussi
belle que vous, Mesdames, mais peut-être d'une
beauté plus virile parceque l'éducation physique,
la vie active, le renoncement au sédentarisme volontaire lui auront fait des lignes plus sèches et
opposeront des digues à l invasion hypocrite de la
graisse qui, vers la trentaine menace tout jusqu'au
cerveau de la bourgeoisie. Du coup nous change-
rons de points de vue et même notre esthétique en
sera modifiée.

Ce ne sera vraiement pas dommage.

La femme de demain recevra en témoignage, la
devise de l'éducation anglo-saxonne à savoir qu'il
y a deux choses qu'aucune adversité ne saurait
atteindre chez elle : ce dont elle aura imprégné son
cerveau – la culture; ce à quoi elle aura façonné
ses doigts— l'habileté. (1)

Car la femme de demain sera dans le sens plein
du mot une femme instruite. Elle aura appris à
l'école moins de bribes de connaissances mutilées
et tronquées, elle aura appris à apprendre. Cette
aptitude à s'instruire n'en fera ni une pédante, ni
un cuistre, encore moins un bas bleu, mais une
personne d'autant plus modeste qu'elle sera en
mesure d'apprécier par ce qu'elle sait, tout ce qui
lui reste à savoir. Elle lui permettra de discerner,
notamment, parmi l'hostilité des choses et des

---

(1) There are two most valuable possessions which no reverse
of fortune can destroy : they are what a man puts into his brain
—Knowledge, and into his hands— skill.

gens, ceux auxquels peut aller sa sympathie sans
heurt ni froissement. Elle lui permettra de décider
du choix ou du tri à faire, grâce à quoi, elle pourra disputer à l'aveuglement des hasards, les chances d'erreurs et les occasions de troubles et de
déceptions.

La femme de demain « ne croira pas, selon la remarque spirituelle de M. Etienne Lamy, que toute
rencontre avec une personne de son âge soit une
amitié préparée par le destin.

Et cette habitude de ne pas jeter son cœur au hasard mais de choisir, la préparera à moins se
tromper quand il s'agira pour elle. . . du choix où
est engagé le sort de la vie »

La femme de demain sera une épouse moins souvent délaissée parcequ'elle ne sera pas seulement
l'ornement du foyer, mais elle y sera tout à la fois
l'amie, la camarade, la conseillère à laquelle aucune préoccupation de son mari ne sera étrangère quels
qu'en soient la nature et l'objet.

Elle sera dans l'acception pleine du mot *l'associée* dont la merveilleuse perspicacité indiquera les
points du vue nouveaux, les apperçus neufs, les
fissures sournoises, dans l'élaboration du travail
intellectuel de l'autre associé.

La femme de demain sera une mère plus attentive parceque d'attention plus éclairée. Elle se penchera avec une tendresse plus intelligente sur le
berceau du nourrisson et dans l'affolement des crises toujours possibles ne se livrera pas à la superstition et à la bondieuserie niaise de la première
commère du voisinage parceque l'hygiène du petit
aura trouvé en elle une direction plus ferme et
plus avisée, parceque elle sera la collaboratrice
du médecin, parceq'elle sera elle-même le médecin le plus intelligemment dévoué au salut du pe-

tit. Elle guidera l'enfance avec une autorité d'autant plus sûre que les premiers bégaiements comme les premières chansons seront pour elle autant d'occasions pour aider à cet

> Effort de la pensée à travers la parole
> Sorte d'ascension lente du mot qui vole
> Puis tombe et se relève avec un gai frisson
> Et ne peut être idée et s'achève en chanson...

Elle sera, plus que le père, la confidente discrète, délicate et passionnée de l'adolescent pour se-
conder l'éclosion des rêves, prévenir les chutes
d'idéal, déterminer le choix des carrières, et assurer la marche normale des études.

Cependant si le célibat ternit son rêve de la maternité et fait refluer vers son cœur le sang aigre
des batailles pour la vie, elle trouvera dans le développement de ses facultés, dans l'habileté de ses
doigts assez de talents diversifiés pour faire crâne-
ment face aux exigences de n'importe qu'elle situation. Elle s'annexera les professions ou les métiers
qui sont jusqu'à présent, dans ce pays, des privilèges et des monopoles d'hommes.

Elle sera tout aussi bien médecin, pharmacienne,
dentiste, sténo-dactylographe, employée de ban-
que, avocate, notaire, etc, avec un avantage probable pour la moralité générale de ces corporations.

La femme de demain penchera sa bonté diligente
vers ses sœurs plus humbles parcequ'elle voudra
adoucir la condition des pauvres paysannes obtu-
ses, relever les dégradées, panser les blessés de la
vie, elle voudra pour elles aussi qu'il y ait sur cette terre plus de justice, plus de mansuétude et plus
d'humaine générosité.

Enfin la femme de demain apportera dans la vie
de la Cité le souffle salutaire de ses vertus héroïques

Elle n'aura point honte de se dire, de se croire et d'être pleinement haïtienne parceque le culte du passé national lui aura révélé que son aïeule fut à l'éclosion de notre immortelle épopée l'inspiratrice farouche et fervente du geste unique qui, dans l'histoire universelle, assigna jadis un coin du globe pour patrie indépendante à l'homme noir.

La femme de demain ne ressemblera pas à cette monstruosité que j'ai trouvée dans la fiction, sous la plume cruelle de Fernand HIBBERT, et qui m'a paru être le décalque trop exact d'un modèle trop souvent rencontré au hasard des carrefours et des salons.

Vous connaissez probablement, Jeanne, l'héroïne d'un conte des « Masques et Visages. »

C'est une jeune femme de la moyenne bourgeoisie qui a épousé un Magistrat.

Le couple habite Lalue. A l'aspect sale de la maison mal entretenue, au délabrement des meubles empoussiérés, placés n'importe où, dans le désordre de la veille et de toujours, on se rend aisément compte que Jeanne n'est pas soigneuse. Cependant, elle eut été une femme à qui on serait disposé à tout pardonner si à la saleté physique elle n'avait pas ajouté la saleté morale.

Mais elle est rongée d'ambition et de vanité. Elle n'aspire qu'à ressembler à Madame X qui possède carosses et maisons, à Turgeau.

A ce compte, la vie du ménage est un enfer tant Jeanne retourne le fer rouge des sarcasmes et des reproches dans la chair vive de son pauvre compagnon dont tout le tort réside dans son étroite honnêteté de fonctionnaire scrupuleux.

Hélas! la litanie des récriminations se fait de plus en plus aigre, copieuse et pressante.

Hector, à en croire sa femme, est un nigaud et un mollasse qui n'a jamais rapporté autre chose

du Tribunal que des ordonnances à rédiger auxquelles il consacre un temps trop précieux. Or, *il
faut* qu'elle ait de l'argent. Très adroitement, elle
choisit les heures de travail de son mari pour se
livrer à son-offensive habituelle afin de dégoûter
le pauvre homme et l'amener à résipiscence. A
force d'insister, elle finit par réussir. L'homme
céda...

En effet, un jour, le Magistrat résolut de qué-
mander une faveur. Il profita des réceptions données au Palais National. à l'occasion d'un anniversaire du Président de la République pour lui adresser une de ses filandreuses allocutions où se com-
plaisent tout à la fois la bassesse animale des
fonctionnaires et la vanité puérile des chefs d'Etat.
En récompense de ses flagorneries, on lui confia
une commande quelconque.

Vite, l'ordonnance dressée— la bonne celle-là—
il s'empressa de contracter affaire avec un gros
bonnet de la place. Le malheur voulut que le bail-
leur de fonds fût précisément un individu qui était
en instance de procès devant le Magistrat. Les deux
hommes s'affrontèrent en un duel âpre qui s'ache-
va par une transaction où l'honneur et la justice
n'avaient rien à voir. Le Magistrat reçut une ron-
delette valeur pour prix de son forfait.

Ce jour-là, il rentra chez lui délivré enfin du
cauchemar des scènes quotidiennes, mais combien
las d'une indicible lassitude morale. Dédaigneux,
il remit à Jeanne le sac d'or— rançon de leur crime commun.

Soudain, la femme hypnotisée par un événement
si inattendu se précipita sur le métal et s'écria en
une joie féroce:

Ouaille papa ! A la bel l'argent. Gadé ça non...

Ah! vraiment, la femme de demain ne peut pas
ressembler à cette pourriture de nos mœurs...

Elle ne ressemblera pas non plus à cet autre spécimen de jeune fille d'un cynisme ingénu que j'ai rencontré dans l'intimité d'une maison bourgeoise. Je ne dirai qu'un mot de celle dont je vais parler, c'est qu'elle porte un nom généralement sympathique et provoque l'attachante admiration de qui l'approche par la puissance fascinatrice de sa beauté.

Certain jour, nous parlions de voyages, elle et moi. J'exaltais le charme des paysages toscans, l'ivresse des émotions d'art vécues dans la France et l'Italie des Musées, des Palais, des Châteaux et des Théâtres.

Je m'enthousiasmai à raconter les œuvres que j'entendis jouer à la Comédie française.

J'évoquai entr'autres choses, une interprétation impressionnante de "Sapho" à laquelle j'eus le plaisir d'assister naguère.

Alors mon interlocutrice qui m'écoutait jusque-là avec une attention de plus en plus soutenue, laissa échapper un cri de son cœur.

— Ah! fit-elle, ce Paris, quand le connaitrai-je?

— Mais, Mademoiselle, bientôt, je souhaite. Le jour est peut-être proche où vous épouserez un homme digne de vous et qui vous emmenera en voyage de noces, sur les bords de la Seine.

— Oh! alors, répliqua-t-elle, il faudrait qu'il soit riche, très riche. . . Je voudrais qu'il soit Directeur de Douanes, Ministre, que sais-je, et qu'*il vole oh !* *qu'il vole des millions et des millions*. Et puis, nous irions vivre là-bas, à tout jamais. . .

—Est-ce possible, Mademoiselle, vous n'y pensez pas? Et si cet homme était pincé, quelle vie de honte meneriez-vous? Vous même, vous le mépriseriez...

— Moi, le mépriser? Je l'adorerais d'avoir voulu m'assurer une vie de luxe, ailleurs, dans les pays où cela en vaut la peine. .-

Cette conversation vous paraît énorme d'invraisemblance. Eh! bien, j'engage ma parole d'honneur qu'elle est fidèlement rapportée ici!

Quand une société se compose en partie respectable de telles unités, dites-moi si elle n'est pas mûre pour toutes les capitulations et toutes les déchéances.

Il faut décidément renouveler ces valeurs humaines, tremper d'autres âmes en un métal de meilleur aloi et les placer dans une atmosphère revivifiée et plus salubre.

Et qui donc nous aiderait à ce te œuvre de salut et de renovation si ce n'est la femme, elle-même! C'est pourquoi j'ai cru qu'il était urgent de mettre tous les gens de cœur en face de ces angoissantes réalités si laides soient-elles. —

Et voilà pourquoi j'ai osé dresser, en quelques sommaires coups de crayon, le portrait de la femme de demain telle que mon rêve l'a entrevue dans la transformation de notre société.

La législation et les mœurs n'entraveront point la splendide évolution dont elle sera l'aboutissement temporaire — ce stade d'évolution n'étant lui-même qu'une étape d'ascension.

La législation et les mœurs seront attentives au bruissement du monde qui vient afin de dégager de la gangue qui l'enveloppe la Cité nouvelle dont la femme de demain sera la plus belle parure.

On les reconnaîtra — la femme de demain et la Cité nouvelle — à ce signe certain qu'elles seront deux fois, l'une et l'autre, la chair de notre chair — parcequ'elles auront été pétries, l'une et l'autre, dans les larmes et dans le sang des générations précédentes, et parce que nous les pétrissons maintenant, l'une et l'autre, dans l'angoisse de nos souffrances et dans l'attente de la prochaine délivrance...

Diderot a dit quelque part que pour écrire des femmes, il faut tremper sa plume dans de l'arc-en-ciel et jeter sur son encre de la poussière des ailes de papillon.

Délicieuse opération, en vérité, mais qui n'est tout de même possible qu'à ces favoris des dieux dont le talent est toujours égal au sujet qu'ils traitent. Pour nous, pauvres annotateurs des faits de la vie sociale, dont la tâche ingrate consiste à signaler la déficience des mœurs, des institutions et des hommes dans un monde en transformation, nous ne pouvions trouver d'autres accents que ceux puisés dans l'intimité, les inquiétudes et les alarmes de notre cœur.

Si, néanmoins, par mégarde, nous avions, au cours de cette étude, froissé l'orgueil et provoqué la colère de la femme haïtienne telle qu'elle est maintenant, nous lui en demandons bien humblement pardon. Une telle maladresse n'est pas volontaire. Elle est encore moins une attitude d'irrespect ou d'impolitesse. Nous l'appellerions volontiers un témoignage d'incompétence professionnelle. Car hélas! notre voix est celle d'un solitaire. Elle en a toutes les incertitudes et toutes les défaillances. C'est là notre seule excuse.

L'ART DE LIRE

COMME DISCIPLINE

D'ÉDUCATION

GÉNÉRALE.

L'ART DE LIRE COMME DISCIPLINE
D'ÉDUCATION GÉNÉRALE-

CONFÉRENCE PRONONCÉE A PARISIANA
LE 4 JUIN 1917.

EN FAVEUR DE LA BIBLIOTHÈQUE DE
« L'UNION CATHOLIQUE. »

Mesdames,
    Mesdemoiselles,
        Messieurs,

C'est une singulière aventure qui nous arrive ce soir, à vous et à moi. Je viens ici comme à un rendez-vous d'amour : impatient, inquiet, le cœur gros d'espoirs et d'angoisses. C'est que je viens vous parler de la chose que j'aime le plus au monde. Je viens vous parler de mes amis, les livres. Je me propose de vous dire pourquoi et comment je les aime. Mais, vous savez, les vrais amoureux sont toujours un peu timides. C'est d'ailleurs la fonction même de l'amour d'insinuer dans notre âme ce trouble délicieux qui nous paralyse en rendant gauche et malaisé le moindre de nos gestes devant l'être ou l'objet aimé. Si j'étais engoué de philosophie, j'aurais trouvé dans cette inquiétude l'artifice par quoi la nature incline l'homme à ses fins . . .

Voici donc que vous êtes venus sur la foi des informations de presse, probablement bien disposés à entendre une conférence et que, moi, je vous ac-

cueille par des confidences. C'est presqu'un guet-
apens...

Cependant, j'imagine que j'aurai un mérite à vos
yeux. Je vous parlerai dans la sincérité de mon âme,
ce qui ne contribuera pas moins à me confondre
avec la généralité des amoureux, étant donné «qu'en
amour, c'est toujours la veille qu'on ment.»

Ainsi, je vous conterai sans détour les aventu-
res de mon âme à travers les livres que je lis et ce
sera ma façon de vous démontrer combien je suis
fidèle à une passion de trente ans. Mais, j'y pense,
je vous dois une première confession. On vous a
informés que nous allions deviser sur l'art de lire,
et voici que je me demande fort perplexe s'il y a
vraiment un art de lire ?

Sans doute, si l'art de lire s'entend de l'art de bien
dire, s'il comprend la façon de faire ressortir l'élégance, le nombre et le rythme d'une phrase ou la
beauté d'un vers, il est évident que non seulement
il existe un art de lire, mais cet art en ce qui concerne la langue française, a son temple et ses fervents sur les bords de la Seine, au Conservatoire de
Musique et de Déclamation de Paris. J'entends que
l'État français a assumé le rôle officiel d'enseigner
méthodiquement les traditions et les acquisitions de
la langue ne soient pas seulement consignées dans
les énormes in-quarto des lexiques mais se trans-
mettent aux générations qui passent par des inter-
prètes que les dieux ont consacrés en posant sur
leur langue le tison ardent dont parle la légende.
Cet art a son code et sa discipline. De pieux fidèles
ont recueilli pour la postérité telle interprétation
d'une tirade de Racine ou de Corneille faite par les
professionnels du théâtre devant les appareils en-
registreurs que l'industrie du gramophone a per-
fectionnés. On a fait mieux que cela, la linguisti-
que a étendu son champ d'études. Elle a trouvé
que les sciences appliquées avaient mis au service
de l'industrie dans l'invention du gramophone ou
du phonographe un merveilleux instrument d'ex-

périmentation et c'est ainsi que dans la complexité
des phénomènes que l'étude des langues offre à son
examen, elle a créé la *phonétique expérimentale*. Sans
doute, cette dernière venue des filles de la science
moderne participe du trémoussement et de la pé-
tulance de la jeunesse, mais elle en a aussi la superbe altière et les vastes espoirs . . .

Il reste donc bien entendu que si lecture et dic-
tion étaient synonimes, mon interrogation de tout
à l'heure à savoir s'il y a un art de lire eut été non
seulement sans objet et sans application, mais vous
auriez justement trouvé impertinent que je préten-
de remplir l'office qui nous réunit ici, ce soir, car
« il ne me ferait point de doute — pour m'exprimer
comme Montaigne — qu'il ne me fut advenu de parler de choses qui sont mieux traictées chez les maitres du métier et plus véritablement. » Dailleurs,
un de nos plus fins diseurs qui est en même temps
un humaniste averti, M. Georges Sylvain, naguère,
aux conférences post-scolaires de l'Alliance française, nous a dispensé de généreux conseils sur la
lecture expressive. Autre est mon dessein, dissemblable le but que je me suis imposé

J'entends par l'art de lire la meilleure méthode
que nous puissions employer pour tirer profit de nos
lectures, mais alors des lectures faites sans émis-
sion de voix, dans l'intimité du cœur et le silence
de la pensée, si je peux ainsi dire. Est-ce pourquoi
je me suis demandé si cet art existe en soi, s'il
n'est pas la marque de notre sensibilité, l'expression de nos habitudes personnelles et se prêtant par
conséquent, à mille variations d'individu à individu.
Cependant si, malgré tout, chaque lecteur obéit à un
mobile d'avance déterminé : celui de tirer un bénéfice quelconque de son tête a tête avec le livre qu'il
préfère, il se pourrait qu'il y ait telles règles communes plus ou moins impératives à tous les lecteurs
et dont la connaissance peut nous être utile. C'est
ce que nous allons chercher ensemble, si vous le
voulez bien. — D'abord, je vous demanderai de nous

adjoindre un compagnon de voyage, un de ceux
dont la curiosité inlassabl. a remué les idées les
plus étranges et les plus diverses afi.) d'avoir peut
être le droit de se rendre le témoignage ultime à
l'approche de la nuit éternelle que rien d'humain
ne leur fut étranger. M. Faguet—c'est de lui qu'il
s'agit—a en effet, réussi à codifier les préceptes de
l'art de lire en un petit volume qui jouit d'une faveur marquée auprès des honnêtes gens, comme on
disait au grand siècle (1)D'aucuns en font leur livre d heures. Evidemment avant qu'il parût nous
savions tirer avantage de nos lectures, mais j'ai l'impression qu'après l'avoir lu, nous revoyons avec
des yeux plus affamés de beauté ceux des auteurs
vers qui nous incline une particulière dilection. Donc
quelques unes des réflexions et des remarques que
nous ferons au cours de notre entretien, seront des
manières de réplique que nous adresserons à notre complaisant cicérone . . .

。

Le premier précepte et le plus grand de tous
celui qui domine l'art de lire et qui le résume. en
quelque langue que cet art se pratique et quelque
soit le livre qu'on lit. le premier et le dernier précepte de l'art de lire, c'est de lire lentement, de lire très lentement

Ainsi le conseille notre guide, ainsi le veut la raison. ainsi le sollicitent nos intérêts.

Nous devons lire lentement parce que c'est là le
critérium principal d après lequel nous pouvons
juger de la valeur des ouvrages de l'esprit. Nous
devons lire lentement parce que c'est là le moyen
le plus certain que nous avons de pénétrer la masse et le détail des idées d'un écrivain, de les peser,
de les remuer, de les soumettre au choc des nô-

---

(1) L'art de lire.

tres afin de reconnaître au son qu'elles donnent
si le métal est de bon ou de mauvais aloi. Lire
lentement c'est méditer.

Seul, le lecteur qui médite trouve dans les livres
lus autant d'occasions pour faire un retour sur soi
et en arriver à une vraie découverte de soi-même.

Ah! je sais bien que le divin Mage du royaume
des lettres, Anatole FRANCE, a énoncé quelques
vérités narquoises, enveloppées d'amertume, dans
les paroles suivantes empruntés d'un personnage du
« Lys Rouge : »

« On ne dit rien dans un livre de ce qu'on vou-
« drait dire S'exprimer, c'est impossible. Eh! oui,
« je sais parler, avec une plume tout comme une
« autre. Mais parler, écrire, quelle pitié! C'est une
« misère, quand on y songe, que ces petits signes
« dont sont formés les syllabes, les mots, les phra-
« ses. Que devient l'idée, la belle idée, sous ces mé-
« chants hyérogliphes. à la fois communs et bizar-
« res? Qu'est-ce qu'il en fait, le lecteur, de ma pa-
« ge d'écriture? Une suite de faux-sens, de contre-
« sens et de non-sens. Lire, entendre c'est tradui-
« re. Il y a de belles traductions, peut-être, mais il
« n'y en a pas de fidèles.

« Qu'est-ce que ça me fait qu'ils admirent mes li-
« vres, puisque c'est ce qu'ils ont mis dedans qu'ils
« admirent? Chaque lecteur substitue ses visions
« aux nôtres, nous lui fournissons de quoi frotter
« son imagination. »

Vous l'entendez bien,

 Mesdames.
  Mesdemoiselles
   Messieurs.

Le plus troublant écrivain de notre siècle a pris
soin de nous enseigner toute la philosophie de la
lecture en nous disant que lire c'est traduire. S'il
a mélancoliquement ajouté qu'il n'y a pas de tra-

ductions fidèles, quoiqu'ils puissent y en avoir de
bonnes, il nous a également révélé par là le seul
idéal accessible à la médiocrité de nos moyens. Soyons donc de bons traducteurs des livres que nous
lisons en les méditant longuement. Défendons-
nous surtout contre l'horrible péché d'adultérer
notre joie et de gaspiller notre temps en contrac-
tant cette habitude chère aux lecteurs de sots romans qui, dans la hâte de voir comment cela finit,
veulent, dans quelques heures saboter un livre de
trois cents pages. On dit que ce péché est commun aux tempéraments ardents qui font des œuvres d'imagination leur passe-temps favori. Eh!
bien, il ne faut pas hésiter à condamner de telles
pratiques. Car cela est du gâchis, cela est un genre de folie, cela est tout ce que vous voudrez,
mais cela n'est pas lire.

* * *

Donc, nous acceptons pour fondé que le premier principe de l'art de lire, c'est de lire lentement.

Mais en dehors de ce fait acquis, peut-on lire,
doit-on lire tous les livres de la même façon?

Certainement non. Les livres sont divisés non
point seulement selon les talents de ceux qui les
signent, mais par catégorie des matières qu'ils
traitent. Nul ne sera assez étourdi, j'imagine, de
vous demander d'accorder la même attention à
« l'Évolution créatrice » de M. Bergson, et à l'honnête fait-divers qu'Octave FEUILLET a immortalisé
dans « Le roman d'un jeune homme pauvre? » Il
y a donc des livres d'idées, des livres d'imagination, il y a des œuvres de théâtre et enfin, il y a
les vers. Chacune de ces catégories requiert une
disposition spéciale du lecteur que nous allons tâ-
cher d'indiquer.

D'abord, toute lecture met en branle notre activité nerveuse et plus la lecture est sérieuse, plus

cette activité a besoin d'être soutenue dans son
dessein, fortifiée dans son mécanisme. Eh ! bien, la
première condition à réaliser lorsque vous allez
ouvrir une œuvre importante de science ou de
philosophie, c'est que vous ameniez, en quelque
sorte, une adhésion intime de votre volonté à l'acte
que vous allez accomplir. Je veux dire que vous
devez vous mettre en état... Il faut commander
l'éveil de votre attention par tout un stratagème
d'auto-suggestion. Car les psychologues nous ont
appris que l'attention volontaire est fille de l'intérêt. Imaginez vous donc que de la lecture que
vous allez faire, vous tirerez un profit quelconque :
orgueil légitime de connaissances augmentées et
affermies, notoriété possible étayée sur un savoir
réel, ou — plus simplement — joie de se sentir a-
grandi soi-même après une longue conversation
avec un homme qui nous dépasse de toute la grandeur de son talent ou de son génie et que nous a-
vons réussi à suivre sans trop de peine. Alors on
sera mieux que disposé à comprendre on sera en
état de réceptivité pour assimiler. Cependant il y
a lieu de tenir compte de certaines autres conditions. Dans notre pays, les influences du milieu
physique et du milieu humain ne sont pas à dé-
daigner. La lecture sérieuse exige la plupart du
temps la retraite et la tranquilité.

Je vous en prie, fuyez, même pour une heure ou
deux, la mégère qui jacasse, les enfants qui piail-
lent endiablés de mouvements et goulus de ten-
dresses, l'impitoyable bavard qui mâche et rema-
che « les dernières nouvelles politiques » ou les
derniers commérages « obtenus d'une source auto-
risée » En vérité, il n'y a pas de pires ennemis
pour vous empêcher de tenir votre rôle dans votre
conversation avec un écrivain austère. — Et quelle
heure doit on de préférence choisir ? Mon Dieu,
cela dépend évidemment de maintes convenances.
Mais je ne serais pas éloigné de croire que le matin est plus propre à ce genre de travail. A cette

heure-là, en effet, le cerveau s'est reposé des fati-
gues de la veille, l'air est plus frais et l'esprit plus
généralement dispos. Alors on est automatiquement
poussé à accomplir de petits gestes qui sont les
signes physiques de l'attention: les yeux s'écarquil-
lent, le front se plisse, la respiration s'altère en
un rythme plus long. La curiosité ajuste la volonté en une altitude expectante et toute de tension.
L'appétit de l'intelligence ainsi stimulé, l'esprit est
en état de réceptivité. Le dialogue commence. Oh!
laissez parler votre interlocuteur tout à son aise.
Suivez-le avec vigilance et circonspection en ayant
soin de l'arrêter de temps en temps pour marquer
sur votre cahier ou sur votre fiche ce qui dès les
premières pages vous apparaît être l'idée maîtresse
qui mène la ronde des autres idées. Et alors demandez lui des explications sur les surprises et les
nouveautés qu'il vous a révélées, et, si d'aventure,
toutes ces choses vous étaient déjà familières, il les
a peut-être habillées de vêtements plus somptueux
et plus cossues. Etudiez-en donc l'étoffe et la tex-
ture. Vous démêlerez la trame de l'écheveau en
connaisseur qui expertise. Cet examen vous amè-
nera à des hypothèses sur la valeur de l'écrivain
et de son œuvre. Vous vous tromperez peut-être.
Mais vous aurez eu de quoi « flotter votre imagination » et ce sera tout bénéfice pour votre culture.
Il est encore une autre méthode un peu plus longue quoique d'un intérêt tout aussi vif. Elle consiste à marquer d'une réflexion les passages qui
vous ont paru les plus saillants et à poursuivre
votre lecture jusqu'à la fin. Mais alors il vous faut
revenir sur vos notes, pour discuter, interroger,
accepter ou rejeter telles et telles idées. Vous aurez
« traduit » mais ce sera profit pour vous même si
votre traduction est fausse...

Et puis, au fait, je me demande s'il y a des idées
tellement innombrables que l'on ne puisse pas toujours les ramener aux principaux chefs de file de
qui les autres se réclament et qui les gouvernent et
les éclairent ?

En somme, quel est le concept philosophique qui
ne puisse se résumer dans les données très simples
de l'éternelle énigme de la vie? Qu'est-ce que l'homme ? D'où vient il ? Où va-t-il ? De quoi est fait notre univers et quelle est sa fin ?

Ne sont-ce pas en général sur le développement
de telles idées que les religions et les croyances
s'édifient et n'est-ce pas pour y répondre que les
philosophes raisonnent depuis plus de cinq mille
ans qu'il y a des hommes et qui pensent ? Donc
lorsque vous abordez la lecture des ouvrages qui
s'offrent à vous aider à déchiffrer l'énigme de la vie,
il faut que vous soyez vous-même un peu en mesure de construire votre petit roman de l'infini pour
que vous ne soyez ni trop dupes des artifices de logique, ni trop prompts à rejeter des théories contre lesquelles vous n'êtes qu'imparfaitement armés.

Et, si je ne craignais de trop vous ennuyer, je vous
demanderais la permission de concrétiser ma pensée en vous citant un exemple.

Je voudrais émettre quelques observations en
marge d'un livre d'idées.

Il s'agit du volume de M Gustave Lebon intitu-
lé : *Psychologie de l'Education.*

Je l'ai choisi, à bon escient, parce qu'il est très
répandu dans notre milieu intellectuel, parce qu'en
outre, il traite d'une question dont personne ici ne
se désintéresse et sur laquelle chacun a sa petite
recette particulière.

Voici donc un livre qui s'étaie, sur des considérations psychologiques et qui est, d'autre part, bour-
ré de faits puisés, notamment, dans des documents
officiels sur la réforme de l'éducation en France,
publiés en 1893. L'auteur, selon les habitudes de
son esprit agressif, frappe l'attention dès les premières pages par une critique ardente des méthodes de l'Université, puis a la partie constructive de
l'ouvrage, c'est par une formule lapidaire, qu'il en
résume la doctrine, en disant que l'objet de *toute*

*éducation consiste dans l'art de faire passer le cons-
cient dans l'inconscient.* Tout le livre a été écrit pour
démontrer la véracité de cet aphorisme. C'en est
l'idée maîtresse, essentielle, dominante.

Or, si au cours de votre lecture de la *Psychologie
de l'éducation,* vous ne vous êtes pas arrêtés très
longuement sur cette simple formule, pour en tirer
toutes les conséquences que l'auteur y attache, si
vous ne lui avez pas demandé son état civil pour
découvrir qu'elle est une fille un peu tapageuse de
l'école naturaliste basée sur l'associanisme, si vous
n'avez pas rouvert votre bibliothèque pour chercher dans *Ardigó* les mêmes théories mais plus amplement expliquées, vous ne serez pas en mesure
de comprendre le livre tout entier, encore moins
pourrez-vous faire les réserves qu'amène la doctrine.

Et d'ailleurs, quelle en est la valeur réelle ?

Nous ne sommes pas ici pour en décider. Quoiqu'il
en soit, nous retiendrons de la formule de M.Gus-
tave Lebon que cet écrivain accorde une part pré-
pondérante à l'automatisme psychologique dans la
formation de l'homme. Il s'ensuit, par conséquent,
que ni la raison, ni la conscience ne peuvent prétendre à la direction complète de notre vie ; que
notre vraie personnalité est étayée sur des agrégats
dont est formé notre subconscient.

La conclusion que nous avons si allègrement ti-
rée de l'aphorisme de M.Gustave Lebon est-elle fondée ? Peut-être. Ce qui est certain c'est qu'elle nous
a fait réfléchir, ce qui est non moins certain c'est
que de l'effort de notre propre intelligence nous
avons tiré le bénéfice indéniable d'une méditation
sur l'un des plus graves problèmes de la vie humaine. Nous sommes-nous trompés dans les déductions
que nous en avons faites ? Il est possible. Mais je
crains que l'importance accordée par l'auteur à l'automatisme psychologique dans la formation de notre individualité n'occupe une place très considérable dans l'évolution de la pensée de M. Gustave

Lebon, et si nous consultions, par ordre de date, les éditions successives des neuf ouvrages qu'il a consacrés à la psychologie depuis les «*Lois psychologiques de l'évolution des peuples,* » paru en 1894 (où il nous a passablement maltraités, nous autres haïtiens, soit dit en passant,) jusqu'aux *Enseignements psychologiques de la guerre actuelle* » paru en 1915, nous constaterons que cette idée s'est affermie, s'est développée et forme la charpente d'une œuvre respectable par le nombre et l'importance.

Voilà comment, à mon gré, la lecture attentive des ouvrages austères doit nous amener à des conclusions contestables, peut-être, mais qui nous ont obligés à un effort d'intelligence dont nous ne pouvons tirer que le meilleur profit.

Et les œuvres d'imagination, comment doit-on les lire ? Mon Dieu, deux alternatives se présentent. Ou bien on les lit pour se délasser l'esprit de travaux plus absorbants ou bien on les lit en critique.

Je me hâte de dire que la lecture *critique* n'a pas une autre méthode que celle que je viens d'indiquer et c'est alors une chose extrêmement sérieuse et même un peu pénible. Car il vous faut presque renoncer à trouver du plaisir là où les autres s'amusent étant donné que pour remplir votre office dans sa plénitude, vous êtes obligés de vous livrer à la chasse aux idées avec la même ardeur que s'il s'agissait de quelque rébarbatif in-octavo de métaphysique. Mais si, par contre, vous n'êtes point hantés de telles préoccupations, la lecture des romans doit être faite *lentement*, sans doute, mais dans un tout autre état d'esprit que celui dont nous avons convenu tout à l'heure.

Avant tout, il faut faire confiance à votre auteur, vous abandonner à lui, vous laisser séduire, vous laisser embobeliner. Ceci c'est la part d'action qu'il exerce sur vous, surtout s'il s'agit de sensibles fictions, sans prétention. Mais vous devez vous ressaisir et vous demander – malgré sa succulence – de quoi est fait le plat qui vous a été servi et alors rien n'est plus décisif pour vous permettre d'éprouver la valeur de telles œuvres que de les soumettre à une seconde lecture. Les œuvres faibles ou médiocres ne résistent pas à l'épreuve. Elles s'évanouissent et rentrent dans la nuit de l'oubli avec une facilité étonnante.

Tandis que les œuvres qui ont été édifiées par l'originalité du talent, même lorsqu'elles choquent nos goûts et nos habitudes de pensée, vivent en nous par la parcelle de vérité qu'elles ont dérobée au troublant inconnu qui nous enveloppe et nous dépasse. Et puis enfin, il y a romans et romans.

Tels sont des tranches de vie que l'art a modelés dans de la beauté; tels et tels nous élèvent fort au-dessus de nous-mêmes en nous proposant un idéal qui dépasse nos moyens; enfin tels autres ont façonné des types d'une vérité si générale et avec un si puissant génie, que nous nous arrêtons à chaque moment pour nous interroger à savoir si ce ne sont pas nos propres vices qui sont ainsi crucifiés ou bien les secrètes qualités que nous nous attribuons qui sont étalées au grand jour ou bien encore si ce ne sont pas la vie et le caractère du voisin que l'indiscret dévoile pour le plus grand épanouissement de notre malice. Quand de telles œuvres nous tombent dans les mains, il n'est pas besoin d'un autre critère pour en juger la valeur, soyons certains qu'elles sont faites de mains d'ouvriers. Savourons-en les pages jusqu'à l'ivresse. C'est la vie qui passe. Il ne saurait y avoir de mal à nous en repaître les yeux.

Mais il y a une autre catégorie de romans qui, à part les qualités que nous venons de signaler, possèdent quelque chose qui les classe à un rang particulier; c'est ce que j'appellerai des romans d'idées. L'intérêt de ceux-là réside tout à la fois dans le réalisme des personnages et dans les idées dont ils sont les protagonistes. On sent qu'à travers le récit assez souvent flou, l'auteur sème sa pensée avec nonchalance et générosité. A cette marque, vous reconnaîtrez les romans semblables à ceux d'Anatole France. Puis enfin, d'autres écrivains plus enclins à appuyer leur démonstration par des faits vivants détachent dans la société de leur temps les imperfections, les vices contre lesquels ils dressent d'éloquents réquisitoires et pour la guérison desquels ils proposent des remèdes. Ils sont par dessus tout des moralistes, à leur manière. Tels sont les romans de M. Paul BOURGET, par exemple, qui exercent sur notre jeunesse un attrait et une influence si considérables.

Eh! bien, je suis d'avis que nos intellectuels fréquentent ces catégories d'écrivains avec la même vigilance et la même circonspection que je recommandais l'instant d'avant. Car, en vérité, M. Paul BOURGET— pour ne citer que lui— modèle ses personnages avec une telle maîtrise, il les fait parler et agir avec une habileté si séduisante que nous n'avons guère le temps de réagir contre des artifices et des sophismes qui semblent être des expressions de la vérité absolue. Pourtant quelques unes des thèses dont il se fait l'âpre défenseur amènent chez plus d'un d'entre nous un peu plus que des réserves, mais de vigoureuses protestations. M. Paul Bourget a peut être des titres pour être un directeur de conscience dans la société française d'aujourd'hui. Il a du goût pour l'apologétique chrétienne. Il est un fervent fidèle du traditionnalisme et se réclame tout à la fois de TAINE et d'Auguste COMTE, de Joseph de MAISTRE et de BONALD. Il est un de ceux que la fameuse crise morale de l'affaire Dreyfus a insurgés dans une attitude de réaction et de colère contre les principes de la Révolution française d'où sont sorties notre nationalité et la justification de notre démocratie.

Que toutes les idées de M. Paul BOURGET soient
adéquates à l'état actuel de la Société française, cela est fort possible. Je peux en discuter d'une façon
spéculative et fort détachée d'ailleurs. Mais que cet
écrivain soit considéré comme un oracle pour une
très grande partie de notre jeunesse, j'ai le droit de
m'étonner parce que j'y trouve un certain paradoxe qui me trouble et me déconcerte. Et alors, j'ai
également le droit de me demander si cet engouement de la part de nos jeunes intellectuels ne réside pas dans un enthousiasme condamnable, dans
la connaissance un peu superficielle du mouvement des idées de la France d'aujourd'hui, dans
une appréciation sommaire, non point du mérite
de l'écrivain mais des théories dont il se fait l'apô-
tre dogmatique et intransigeant. Voyez-vous

Mesdames,
      Mesdemoiselles,
         Messieurs,

            comment l'art de lire et même
de lire des romans peut amener à de graves con-
troverses? Voyez-vous comment dans une démocratie qui cherche sa voie et ses titres, il ne saurait y avoir de questions futiles du moment que ces
questions concernent la formation intellectuelle et
morale des dirigeants, je veux dire la formation de
l'élite représentative? Aussi bien, il m'a paru que
sur une matière si irritante ceux que les hasards de
l'occasion amènent à parler au public, ont pour devoir d'exprimer leur opinion avec la netteté et la
nudité de la plus absolue franchise...

D'autre part, et toujours à propos de l'art de lire des romans, je me permets de vous conter que
certain dimanche, une jeune fille, fort intelligente,
à qui j'avais vanté et prêté « la Vagabonde » de
Madame Colette Willy comme une petite merveille
d'art, me l'a retourné accompagné du billet suivant:

Monsieur,

Votre " *petite merveille d'art* " la *Vagabonde*, à n'en pas douter, est parfaite quant à la forme, mais si vous voulez bien accepter mon humble jugement, je vous dirai que la morale à en tirer n'est pas des meilleures. Aussi vous avouerai-je que ce genre ne me plait pas beaucoup, et je me permets de vous poser la question : Si une jeune fille vous demandait de lui choisir un livre, lequel lui enverriez-vous ? Tel est mon cas et j'attends.

Je lui ai fait remettre tout aussitôt un autre ouvrage, en lui assurant qu'elle pouvait le lire comme l'évangile du jour.

Mais, j'ai également défendu devant elle l'indépendance de l'art et je lui ai rappelé—à ce propos—le mot que le poète antique met dans la bouche d'un dieu en parlant de l'Olympe: « Il n'y a rien de laid dans la maison de mon père » Certes on ne saurait trop s'élever contre cette prétention de subalterniser l'art à des fins utiles. L'art se suffit à lui-même et, à ce titre, n'est ni moral ni immoral. La morale est, par dessus tout, affaire conventionnelle, changeante selon les époques, quelquefois changeante selon les latitudes, changeante selon les sociétés, les croyances et les races.

L'art, de quelque façon qu'il s'exprime, que ce soit par une combinaison de couleurs, de sons ou de mots, qu'il vivifie d'un souffle d'ardente beauté la pierre, le marbre ou le bronze— l'art dans l'incertitude de ce qui fut et dans l'angoisse de ce qui sera, restera le seul témoin incorruptible pour déposer devant les siècles de la part de grandeur que contint le rêve des foules immortalisé par le génie. Et voilà pourquoi si j'avais une fille de 20 ans, c'est moi qui lui enseignerais ce qu'il peut y avoir d'immortelle beauté dans une page de Zola ou de Bossuet.

Et puis enfin, admettons, un instant, les normes de la morale qu'adopte notre société, si difficile qu'il soit d'ailleurs de les énoncer sans défaillance. N'est-ce pas que, considérée à ce point de vue, l'œuvre d'art vaut autant par ses qualités intrinsèques que par l'intention de malice qu'on y met? Qui me garantit que l'imagination d'une jeune fille de 20 ans ne serait pas sollicitée par des suggestions troubles en lisant telle exhortation de Saint Paul dans son épître aux Corinthiens ou telles directions que recommande l'*Imitation de Jésus Christ* contre les mauvaises tendances? (1) Qui me dira que les violences incestueuses de Phèdre ne troubleront pas la pureté d'un cœur ardent de 20 ans? Quel scandale n'eût point provoqué celui qui eût osé exposer dans son salon à Port-au-Prince la Vénus du Titien dans sa blonde et royale nudité comme elle l'est au Musée des offices de Florence?

Ah! Mesdames, Mesdemoiselles, Messieurs, si nous voulons trouver de l'immoralité coûte que coûte dans une œuvre d'art, je crains qu'il n'y en ait très peu qui puissent résister à l'examen le plus superficiel. Certes, je poursuis, moi aussi, d'une haine farouche la pornographie sous quelque forme qu'elle se présente que ce soit par le livre vulgaire, sur l'écran du cinéma ou encore par les immondes cartes postales dont la circulation clandestine est un élément de corruption autrement dangereux que les romans incriminés.

---

(1) « Si l'on médite un instant avec l'émotion Catholique, le mystère de l'eucharistie, cette sublimation de la possession charnelle, on reste effrayé de l'intensité de passion féminine qui s'y condensa. Pas une femme qui, dans l'abîme du tendre désir éperdu n'ait senti balbutier dans son cœur les appels de Sainte-Thérèse à son Dieu, les extases de *l'Imitation*. »

Léonie Bernadini—Sjœstedt

(La " Révision des valeurs " de la femme.

Mais entre une œuvre d'art et une œuvre de pornographie il y a, en vérité, toute la différence qui sépare les plates productions des poupées mécaniques fabriquées en série et la statuette de terre cuite sortie de l'atelier et sur laquelle l'artiste a courbé pieusement son front chargé de ferveur et de dévotion.

Donc lisez vos romans avec un esprit élevé et vous n'en aurez point l'imagination salie.

∴

Et maintenant il me tarde de vous dire comment à mon gré, il convient de lire les œuvres dramatiques et les œuvres poétiques.

De même qu'il y a romans et romans—ainsi que nous en avons fait la remarque précédemment—de même il y a pièces et pièces.

Il y a des pièces de théâtre qui sont faites exclusivement pour être jouées sur la scène.

M. Faguet a judicieusement observé que ce sont toutes auxquelles le talent des acteurs ajoute à l'insuffisance de l'écrivain. Il y en a d'autres qui ne sont que de longs dialogues, sans vie et sans action et qui gagnent plutôt à être lues qu'à être jouées; puis enfin, viennent les pièces qui soutiennent l'intérêt aussi bien dans le cabinet de lecture que sur les tréteaux. Je crois qu'à cette catégorie, il faut ranger les classiques et parmi nos contemporains les pièces que signe M. Bataille, par exemple. Je ne sais si je me trompe, mais les œuvres dramatiques ont un tel don de m'emballer quand elles sont belles que je résiste difficilement à la tentation de les jouer tout seul et pour mon plaisir personnel. Je veux dire que seul chez moi, j'en joue tous les rôles successivement. Combien de fois, en effet, n'ai-je pas entendu gronder, en moi, et tour à tour, la colère impuissante d'Œdipe, les fureurs d'Alceste ou les imprécations de Camille ? Aussi bien je crois

que lorsque les personnages d'une pièce sont bien
vivants, on les empêchera malaisément d'exploser
leur exubérance en des lectures faites à haute voix
qui vous donneront l'illusion d'assister à la représentation sur la scène. Et j'ajoute que la même observation ou presque est à faire en ce qui concerne les œuvres poétiques.

Les poètes—et j'entends par là tous les adorateurs
de la forme, tous les amoureux du verbe qui suggè-
rent l'idée par la musique du vocable -les poètes, di-
sais-je, qu'ils s'expriment en vers ou en prose, écri-
vent autant pour l'éblouissement de nos yeux que
pour la joie de nos oreilles. Si on devait les lire
ou tout bas ou tout haut, on n'éprouverait qu'une
jouissance étriquée, qu'un plaisir amoindri, parcequ'à la volupté de comprendre on n'aurait pas ajouté l'ivresse des sonorités et des harmonies. Il faut
donc laisser les poètes nous confesser tout bas, dans
la quiète intimité des confidences chuchotées et
murmurées, puis alors, nous redirons la chanson
tout haut, sans prétention d'aucune sorte, si ce
n'est celle de nous bercer du rythme et de la cadence des vers, à moins cependant que nous ayons
reçu des dieux le talent rare de savoir exprimer les
moindres nuances du vers, alors le plaisir est double. C'est précisément ce que vous allez éprouver
tout à l'heure.

Melle d'Aubigny avec une grâce toute particulière, a bien voulu accepter, en effet, à vous lire trois
ou quatre poèmes dont la beauté réside tout aussi
bien dans la subtilité des sentiments qu'ils expriment que dans la savante harmonie des vocables (1

(1 *L'apparition de Melle d'Aubigny sur la scène fut accueil-
li par de vifs applaudissements qui redoublèrent à la fin de chaque poème lu.*

LES ROSES D'ISPAHAN.

Par LECONTE DE LISLE.

Les roses d'Ispahan dans leur gaine de mousse,
Les jasmins de Mossoul, les fleurs de l'Oranger
Ont un parfum moins frais, ont une odeur moins douce
O blanche Leïla! que ton souffle léger.

Ta lèvre est de corail, et ton rire léger
Sonne mieux que l'eau vive et d'une voix plus douce,
Mieux que le vent joyeux qui berce l'oranger,
Mieux que l'oiseau qui chante au bord du nid de mousse.

Mais la subtile odeur des roses dans leur mousse,
La brise qui se joue autour de l'oranger
Et l'eau vive qui flue avec sa plainte douce
Ont un charme plus sûr que ton amour léger!

O Leïlah! depuis que de leur vol léger
Tous les baisers ont fui de ta lèvre si douce,
Il n'est pas de parfum dans le pâle oranger.
Ni de céleste arome aux roses dans leur mousse.

L'oiseau, sur le duvet humide et sur la mousse,
Ne chante plus parmi la rose et l'oranger;
L'eau vive des jardins n'a plus de chanson douce,
L'aube ne dore plus le ciel pur et léger.

Oh que ton jeune amour, ce papillon léger,
Revienne vers mon cœur d'une aile prompte et douce,
Et qu'il parfume encor les fleurs de l'oranger,
Les roses d'Ispahan dans leur gaine de mousse!

ÉLÉGIE

Poéme d'ALBERT SAMAIN

Quand la nuit verse sa tristesse au firmament,
Et que, pale au balcon, de ton calme visage

Le signe essentiel hors du temps se dégage,
Ce qui t'adore en moi s'émeut profondément.

C'est l'heure de pensée où s'allument les lampes·
La ville, où peu à peu toute rumeur s'éteint,
Déserte, se recule en un vague lointain
Et prend cette douceur des anciennes estampes.

Graves, nous nous taisons. Un mot tombe parfois,
Fragile pont où l'âme à l'âme communique.
Le ciel se décolore; et c'est un charme unique,
Cette fuite du temps il semble, entre nos doigts.

Je resterais ainsi des heures, des années,
Sans épuiser jamais la douceur de sentir
Ta tête aux lourds cheveux sur moi s'appesantir,
Comme morte parmi les lumières fanées.

C'est le lac endormi de l'heure à l'unisson,
La halte au bord du puits, le repos dans les roses ;
Et par de longs fils d'or nos cœurs liés aux choses
Sous l'invisible archet vibrent d'un long frisson.

Oh ! garder à jamais l'heure élue entre toutes,
Pour que son souvenir, comme un parfum séché,
Quand nous serons plus tard las d'avoir trop marché,
Console notre cœur, seul, le soir, sur les routes.

Voici que les jardins de la Nuit vont fleurir.
Les lignes, les couleurs, les sons deviennent vagues.
Vois, le dernier rayon agonise à tes bagues.
Ma sœur, n'entends-tu pas quelque chose mourir !..

Mets sur mon front tes mains fraîches comme une eau pure,
Mets sur mes yeux tes mains douces comme des fleurs ;
Et que mon âme, où vit le goût secret des fleurs,
Soit comme un lis fidèle et pâle à ta ceinture.

C'est la pitié qui pose ainsi son doigt sur nous ;
Et tout ce que la terre a de soupirs qui montent,
Il semble qu'à mon cœur enivré le racontent
Tes yeux levés au ciel si tristes et si doux.

LES DEUX MÉNÉTRIERS

Par Jean RICHEPIN.

Sur de noirs chevaux, sans mors,
Sans selle et sans étriers,
Par le royaume des morts
Vont deux blancs ménétriers

Ils vont un galop d'enfer,
Tout en râclant leurs crin-crins
Avec des archets de fer
Ayant des cheveux pour crins.

Au fracas des durs sabots,
Au rire des violons,
Les morts sortent des tombeaux :
« Hop ! Dansons ! Cabriolons ! »

Et les trépassés, joyeux,
Suivent par bonds essoufflants
Avec une flamme aux yeux,
Rouge dans leurs crânes blancs.

Soudain les chevaux sans mors,
Sans selle et sans étriers,
Font halte, et voici qu'aux morts
Parlent les ménétriers

Le premier dit d'une voix
Sonnant comme un tympanon
« Voulez-vous vivre deux fois ?
Venez ! la vie est mon nom. »

Et tous, même les plus gueux
Qui de rien n'avaient joui,
Tous, dans un élan fougeux.
Les morts ont répondu : "OUI"

Alors l'autre, d'une voix
Qui soupirait comme un cor.
Leur dit. « Pour vivre deux fois
Il vous faut aimer encor ;

Aimez donc, enlacez-vous.
Venez l'amour est mon nom ! »
Mais tous, même les plus fous
Les morts ont répondu "NON !"

Tous, de leurs doigts décharnés
Montrant leurs cœurs en lambeaux,
Avec des airs de damnés.
Sont rentrés dans leurs tombeaux.

Et les blancs ménétriers,
Sur leurs noirs chevaux sans mors,
Sans selle et sans étriers
Ont laissé dormir les morts.

PASTEL

Par DAMOCLÈS VIEUX

Si petite, si fine, oh ! si fraîche et si belle
Qu'un baiser violent vous serait un péril
Et vous mettrait à l'âme une angoisse mortelle,
Vous êtes, chère enfant, un pastel en exil.

Vous êtes un pastel de Princesse ou de Reine,
Un pastel merveilleux qu'un génie anima,
Un pastel évoqué d'une époque lointaine ;
Fragonard vous conçut, Latour vous crayonna.

Une pointe de rouge, une mouche un peu pâle
Posant au coin du nez quelque grain de beauté.
Dans vos cheveux ondés, poudre à la maréchale,
Et vous voilà changée en portrait enchanté.

Ah! frais pastel de grâce et d'élégance mièvres
Qui passez dans mon rêve en robe de clarté,
Délicat bibelot de vieux Saxe ou de Sèvres,
Je me sens adorer votre fragilité.

Je crois obéir au vœu général en rendant un hommage public au talent si souple de Melle d'Aubigny qui a interprété les 4 poèmes avec un art consommé.

*

Il est bien entendu que je ne vais pas gâter par aucune analyse la minute de beauté que nous venons de vivre ensemble, mais il est cependant nécessaire de vous faire remarquer que le rythme des strophes avec leur cadence musicale, ne pouvait être apprécié que par une lecture à haute voix. C'est ici que l'art de lire pourrait aisément se confondre avec l'art de bien dire. Cependant il suffit d'être simplement frotté de lettres avec un peu de clarté sur les lois de l'harmonie pour que vous arriviez à marquer les mouvements de la phrase. Mais alors il faut que vous suiviez avec fidélité les ponctuations qui sont les indications principales du sens et de l'eurythmie.

Je m'empresse d'ajouter que les mêmes observations sont applicables à la prose lyrique de certains écrivains.

Cette prose est assujetti à une discipline aussi sévère que celle de la métrique poétique. Vous connaissez tous certaines pages de Bossuet, de Chateaubriand, de Renan ou de Jaurès qui sont de pures merveilles. Il est même légendaire de citer quelques unes des oraisons funèbres et quelques uns des

sermons de Bossuet comme les modèles les plus
classiques de la prose nombreuse et harmonieuse.
A ce propos, Monsieur Faguet a donné une définition du nombre qui n'est pas seulement une belle
image mais aussi une jolie trouvaille. Si cela ne vous
ennuie pas trop, voulez-vous bien me permettre de
vous en faire saisir la justesse ? L'éminent critique
a dit qu'une phrase nombreuse est une femme qui
marche bien.

Et maintenant faites un petit effort d'imagination, considérez ce qu'il pouvait y avoir probablement d'altier, de hautain et de majestieux dans la
démarche de cette Henriette Marie de France, Reine
de Grande Bretagne que Bossuet a immortalisée
par l'oraison funèbre si connue et puis admirez,
d'autre part, le souffle lyrique, l'opposition des con-
trastes, l'harmonie et le nombre du morceau que je
m'en vais essayer de vous lire, vous verrez si la
comparaison de M. Faguet n'est pas une judicieuse
pensée. (1)

Chrétiens, que la mémoire d'une grande reine, fille
femme, mère de rois si puissants, et souveraine de trois
royaumes, appelle de tous côtés à cette triste cérémonie,
ce discours vous fera paraître un de ces exemples redout -
bles, qui étalent aux yeux du monde sa vanité toute entière. Vous verrez dans une seule vie toutes les extrémités
des choses humaines : la félicité sans bornes, aussi bien
que les misères ; une longue et paisible jouissance d'une
des plus nobles couronnes de l'univers ; tout ce que peuvent donner de plus glorieux la naissance et la grandeur
accumulée sur une tête, qui ensuite est exposée à touts les
outrages de la fortune ; la bonne cause d'abord suivie de
bons succès, et, depuis, des retours soudains, des change-

---

(1) A la répétition de cette conférence au Cap-Haïtien vers et prose ont été lus par des diseurs justement aimés du public M.M.Etien-
ne et Guimard.

ment inouïs ; la rébellion longtemps retenue, à la fin tout
à fait maîtresse ; nul frein à la licence ; les lois abolies ;
la majesté violée par des attentats jusqu'alors inconnus ;
l'usurpation et la tyrannie sous le nom de liberté ; une
reine fugitive, qui ne trouve aucune retraite dans trois
royaumes, et à qui sa propre patrie n'est plus qu'un triste
lieu d'exil ; neuf voyages sur mer, entrepris par une princesse, malgré les tempêtes ; l'Océan étonné de se voir tra-
versé tant de fois en des appareils si divers, et pour des
causes si différentes ; un trône indignement renversé, et
miraculeusement rétabli. Voilà les enseignements que
Dieu donne aux rois : ainsi fait-il voir au monde le néant
de ses pompes et de ses grandeurs. Si les paroles nous
manquent, si les expressions ne répondent pas à un sujet si vaste et si élevé, les choses parleront assez d'elles-
mêmes. Le cœur d'une grande reine, autrefois élevé par
une si longue suite de prospérités, et puis plongé tout-à-
coup dans un abîme d'amertumes parlera assez haut ; et
s'il n'est pas permis aux particuliers de faire des leçons aux
princes sur des évènements si étranges, un roi me prête
ses paroles pour leur dire : *Et nunc, reges, intelligite erudi-
mini qui judicatis terram* : « Entendez, ô grands de la terre, instruisez-vous, arbitres du monde. »

Encore que je craigne de lasser votre générosité,
voulez-vous bien me permettre d'opposer au lyris-
me du grand orateur chrétien celui du plus grand
entraîneur d'hommes que le socialisme français ait
fait naître et qu'une balle stupide a ravi à la tribune du Palais Bourbon. Ecoutez cette magnifique page de Jean Jaurès exaltant le courage . . .

Surtout, qu'on ne nous accuse point d'abaisser et d'é-
nerver les courages. L'humanité est maudite, si pour faire preuve de courage elle est condamnée à tuer éternelle-
ment. Le courage, aujourd'hui, ce n'est pas de maintenir
sur le monde la sombre nuée de la Guerre, nuée terrible,
mais dormante, dont on peut toujours se flatter qu'elle
éclatera sur d'autres. Le courage, ce n'est pas de laisser
aux mains de la force la solution des conflits que la raison

peut résoudre ; car le courage est l'exaltation de l'homme,
et ceci en est l'abdication. Le courage pour vous tous,
courage de toutes les heures, c'est de supporter sans flé-
chir les épreuves de tout ordre, physiques et morales, que
prodigue la vie. Le courage, c'est de ne pas livrer sa volonté au hasard des impressions et des forces ; c'est de
garder dans les lassitudes inévitables l'habitude du travail et de l'action. Le courage dans le désordre infini de
la vie qui nous sollicite de toutes parts, c'est de choisir un métier et de le bien faire, quel qu'il soit; c'est
de ne pas se rebuter du détail minutieux ou monotone;
c'est de devenir, autant qu'on le peut, un technicien accompli ; c'est d'accepter et de comprendre cette loi de la
spécialisation du travail qui est la condition de l'action
utile, et cependant de ménager à son regard, à son esprit,
quelques échappées vers le vaste monde et des perspecti-
ves plus étendues. Le courage, c'est de comprendre sa propre vie, de la préciser, de l'approfondir, de l'établir et de
la coordonner cependant à la vie générale.

Le courage, c'est de surveiller exactement sa machine
à filer ou à tisser pour qu'aucun fil ne se casse et de préparer cependant un ordre social plus vaste et plus frater-
nel où la machine sera la servante commune des travail-
leurs libérés. Le courage, c'est d'accepter les conditions
nouvelles que la vie fait à la science et à l'art, d'accueillir
d'explorer la complexité presque infinie des faits et des
détails, et cependant d'éclairer cette réalité énorme et
confuse par des idées générales, de l'organiser de la soulever par la beauté sacrée des formes et des rythmes. Le courage, c'est de dominer ses propres fautes, d'en souffrir,
mais de n'en pas être accablé et de continuer son chemin.

Le courage, c'est d'aimer la vie et de regarder la mort
d'un regard tranquille ; c'est d'aller à l'idéal et de comprendre le réel ; c'est d'agir et de se donner aux grandes causes
sans savoir quelle récompense réserve à notre effort l'u-
nivers profond, ni s'il lui réserve une récompense. Le courage, c'est de chercher la vérité et de la dire; c'est de ne pas
subir la loi du mensonge triomphant qui passe, et de ne
pas faire écho, de notre âme, de notre bouche et de nos
mains aux applaudissements imbéciles et aux huées
fanatiques.

Mesdemoiselles,
Mesdames,
Messieurs,

J'abuse. Il est temps de conclure.

En inaugurant ma série de conférences sur la vocation de l'élite, je disais récemment, à cette place, que l'élite est pauvre en aptitude de commandement parcequ'il lui manque les vertus essentielles : celles du caractère d'abord et en outre, celles d'une culture renouvelée et sans cesse élargie par l'abondance et la qualité des livres lus. A l'appui de mes affirmations, j'avais apporté le témoignagne des chiffres puisés dans la fréquentation de nos deux ou trois bibliothèques. Je disais qu'il était regrettable que nous n'eussions qu'un tout petit nombre de ces maisons dont beaucoup d'entre nous d'ailleurs ignorent le chemin et je m'étais élevé, d'autre part, contre ceux qui les fréquentent pour n'y puiser que des sujets de distractions.

Aujourd'hui que l'occasion m'a été offerte de revenir sur ce sujet, j'ai accepté avec joie et empressement de vous dire ce que je pense de l'art de lire comme une discipline d'éducation générale, étant persuadé que notre double rôle à moi qui ai l'honnéur de vous parler et à vous qui avez bien voulu venir m'écouter, ne pouvait être indigne ni de vous ni de moi...

Depuis l'époque hélas ! chaque jour plus reculée où mon adolescence penchée sur *Paul et Virginie*, affolée par l'abandon de l'humble enfant des iles, a versé ses larmes de noblesse sur le naufrage en des mers lointaines de l'amante idéale, j'ai compris d'instinct de quel miracle la lecture est capable chez les âmes éprises d'art et de beauté.

Lisez donc jeunes gens, lisez beaucoup, lisez lentement.

Assimilez vos lectures en relisant avec des yeux plus avertis ceux des livres qui vous ont fait le plus réfléchir.

Si je pouvais me permettre de formuler quelques
vœux, je souhaiterais que tous les haïtiens fussent
aptes à jouir des bienfaits de la lecture afin que nul
d'entre nous ne restât en dehors de la Cité de lumière qu'est la pensée humaine condensée en quelques pages d'écriture.

Et je souhaiterais aussi de voir se répandre partout non point des bibliothèques confessionnelles
mais des bibliothèques publiques, nationales et mu-
nicipales où les œuvres de tous ceux qui luttèrent
pour affranchir notre espèce des servitudes de la
matière et de la barbarie pussent se coudoyer comme dans une réconciliation posthume et dans un
mutuel élan de justice, de paix et de tolérance.

Mais en attendant que mes vœux se réalisent, en-
veloppez donc d'une chaude sympathie des œuvres
telles que la Bibliothèque de l'Union catholique
dont la seule existence constitue une victoire éclatante de l'initiative privée sur l'inertie proverbiale
de l'Etat.

Lisez, jeunesse qui m'écoutez, et ne soyez pas ef-
farouchée que nous vous en donnions le conseil. Je
sais bien que nous de cette génération qui gravit la
côte des âges, déjà essoufflée et fatiguée, nous vous
rendrons le patrimoine national amoindri, déchi-
queté, mutilé.

Je sais que nous continuons à vous offrir le spectacle de nos haines misérables et de nos pauvres ri-
valités.

Oui, je sais tout cela et je sais par conséquent
que nous n'avons pas beaucoup le droit de nous ériger en censeurs et en conseillers. Mais n'est-ce pas,
camarades, que nous sommes frères dans la honte
et la souffrance? Eh bien! sans que vous examiniez plus
avant quels sont nos titres pour paraître devant vous,
voyez d'abord, voyez surtout quelle est la valeur du
présent que nous vous apportons. Si vous le trou-
vez digne de vous, jouissez-en, sans même vous demander si l'intention qui vous l'a offert fut frater-
nelle. Or, la bonne nouvelle que je vous apporte ce

soir c'est que la lecture des ouvrages de goût est
l'un des moyens de nous affranchir même provisoi-
rement, même momentanément des conditions de
turpitude où la veulerie, l'ignorance et la lâcheté des
uns et des autres nous ont plongés. Lisez donc jeunes gens. Lisez pour vous instruire, lisez pour apprendre à devenir meilleurs que nous, - lisez pour
fuir quelquefois les réalités mauvaises de notre vie.
Car « lire un livre sérieux et élevé, c'est retourner
en soi-même les grandes pensées humaines » [lire
c'est souvent] « admirer » et « cela aussi est prier,
et c'est une prière à la portée de tous. »

Lisez jeunes gens, lisez beaucoup, lisez lentement

HAITI ET LA

QUESTION DE RACE

Deux Conférences prononcées a Port-au-Prince
en 1906 et 1907, aux réunions post-scolaires de
« L'ALLIANCE FRANÇAISE. »

LE PRÉJUGÉ DES RACES [1]

A PROPOS DU LIVRE DE Mr. Jean FINOT

Il n'est peut-être pas trop tard pour présenter au public haïtien une œuvre parue au début de cette année, dont la probité scientifique, la sévère ordonnance et l'abondante information sont hors de pair. Pour ma part, depuis plus de cinq ans que, par goût autant que par instinctif besoin de défense, je consacre une bonne partie de mon temps à m'occuper de ces études. je n'ai jamais trouvé dans mes recherches un livre ni plus sincère, ni plus généreux. Je sais bien que M. Anténor Firmin a écrit, en 1885, sa thèse d'anthropologie positive sur l'égalité des races humaines; je sais bien que M. Hannibal Price a laissé sur la matière un ouvrage posthume qui lui fait le plus grand honneur. Mais enfin l'un et l'autre de ces ouvrages, malgré leur mérite respectif, malgré la rigueur scientifique de leur documentation, ont eu le tort — pour certains esprits — d'avoir été écrits par des Haïtiens, et ils ont pu paraître suspects de partialité. Je ne suis même pas loin de croire que c'est l'unique raison qui les empêche d'avoir leur place marquée dans la littérature socio-anthropologique moderne.

Ce sont là, il faut l'avouer, des reproches puérils mais qu'on ne peut tout de même pas adresser à M. Jean Finot. Sa haute position dans la presse fran-

(1) Le préjugé des races (Félix Alcan, 108 Bd. St. Germain, Paris 1906), par Jean Finot. —

çaise donne à sa parole une portée considérable.
Directeur d'une importante Revue parisienne (1),
ses précédentes études l'ont fait avantageusement
connaître dans le monde savant. Aussi, est-ce moins
pour faire la critique de son dernier ouvrage que
pour en vulgariser les principales parties que nous
avons osé en résumer les six cents pages. Nous
nous excusons d'ores et déjà de ne pouvoir rendre
ici le vibrant accent de vérité qui anime ce noble
et puissant livre.

I

La division des humains en races supérieures et
inférieures est très ancienne. On doit à Gobineau,
en 1854, l'une des premières clasifications dans ce
sens. Ces temps derniers, Vacher de Lapouge, en
France, a essayé, après tant d'autres, de démontrer
— avec un peu plus de vernis scientifique— que
la mesure de l'indice céphalique (2) est la base de
la classification des humains. Ainsi les races qui
donnent un indice céphalique de 72-75 (ou de 70-
74 crâne sec) appartiennent aux dolychocéphales
(dolychôs, long), tandis que celles qui présentent
un indice céphalique de 85-89 (ou 84-85 crâne sec)
appartienent aux brachycéphales (brachus, court,
rond). Aux dolychocéphales serait dévolue la plus
haute intelligence, l'empire du monde: c'est l'homo
Europens, tandis que les brachycéphales seraient
plutôt les races dites inférieures : jaunes, noires, etc.
    Au reste, pour donner un certain caractère de vé-

1 La Revue ancienne Revue des Revues.

2 "L'indice céphalique est la longueur, plus ou moins accentuée
du diamètre antéro-postérieur du crâne comparée à celle de son
diamètre transversal La longueur du diamètre transversal multi-
pliée par 100 et divisée par le diamètre longitudinal donne ce
qu'on est convenu d'appeler l'indice céphalique. Soit un crâne
dont le diamètre antéro-postérieur serait au diamètre transversal
comme 9 est à 7, (9x100 : 0, serait de 77. 77.) Firmin, Egalité
des Races Humaines. Edition 24 Rue Soufflot, Paris. 1885.

racité à leur thèse. la plupart des partisans modernes de l'inégalité humaine se réclament de la théorie darwinienne sur l'origine et l'évolution des espèces.

La doctrine transformiste, qui a été l'hypothèse
la plus généralement admise dans le monde scientifique pour expliquer l'origine des espèces, a pour
base comme l'on sait, la sélection naturelle et l'hérédité des caractères acquis.

En effet, Darwin soutient avec Lamarck que l'u-
sage ou le non-usage des organes crée les modifications morphologiques, lesquelles sont ensuite fixées par l'hérédité. Tel est, par exemple, le cas de
la girafe qui vit dans des endroits peu fertiles et ne
trouve sa pâture que sur les arbres élevés.

" Elle se voit obligée de tendre son cou pour
brouter leur feuillage. Son cou à la suite de cette
habitude s'est considérablement allongé et ses jambes de devant sont devenues plus longues que celles de derrière." Ajoutez à cela que, en vertu de la
loi de sélection, seules ont survécu à la famine les
girafes qui sont arrivées ainsi à allonger leur cou
en se croisant entre elles, elles ont perpétué ce caractère acquis qui distingue si franchement cette
espèce d'ongulés " Donc, d'après ce qui précède,
il est entendu que pour la formation d'une espèce
nouvelle il faut 1o. l'apparition d'une qualité nouvelle, 2o. l'hérédité de cette qualité.

Tout cela suppose, d'autre part, un travail systématique, organisé par la nature en vue de maintenir la nouvelle variation On conçoit sans peine
combien cette hypothèse demande de temps pour
expliquer l'apparition d'une variation chez une espèce animale ou végétale. Or les géologues les plus
autorisés ont calculé que la consolidation de la
croûte terrestre s'est effectuée en une période de 98
à 200 millions d'années. Aussi les adversaires de la
théorie darwinienne se recrutent-ils nombreux parmi
les géologues qui déclarent, avec lord Kelvin, que cette théorie ferait trop vieillir le globe déjà très vieux

D'autre part, les néo-darwiniens, (Wallace, Weisman, Galton, etc), reprenant plus soigneusement l'étude du phénomène de la girafe signalé plus haut, ont contesté la validité des conclusions de leur maître. Ils ont justement prouvé que la longueur du cou de la girafe ne pouvait pas être expliquée par ses efforts pour brouter le feuillage des arbres élevés et ils ont également nié l'hérédité du cou long acquis dans ces conditions.

La doctrine de Darwin, battue en brèche, il fallait rouver une explication à l'étrange apparition de :elle nouvelle espèce de mammifère.

Depuis les travaux de M. Hugo de Vriés, le célèpre botaniste hollandais, une autre théorie est, à l'heure actuelle, fort en honneur chez les naturalistes M. de Vries, par une série de patientes et scrupuleuses expériences, en est arrivé à prouver que, à un moment donné, sous l'influence de conditions spéciales des espèces nouvelles jaillissent brusquement, spontanément.

C'est ainsi que, à l'époque secondaire, entre autres exemples, " on constate l'apparition soudaine des lézards dinosauriens, gigantesques, comme le Brontosaure, de la grandeur de quatre à cinq éléphants réunis, et de tout petits ressemblant à de petits oiseaux".

La théorie de M. de Vries repose, en fin de compte, sur une mutation de l'espèce au lieu de la variation individuelle proposée par Darwin. "L'espèce apparaît et existe un certain temps. Sujette au changement spécifique, elle donne lieu à une espèce nouvelle qui se montre brusquement sous l'action de causes déterminées dont les raisons nous échappent. L'espèce primitive d'où elle nous est venue vit un certain temps à côté de celle qui lui doit son origine et disparaît. Mais la variété ainsi créée est tellement différente de l'espèce mère que le croisement entre les deux devient stérile, voire même impossible".

Les travaux de M. Armand Gauthier, à propos
du pigment des vins et de ses nombreuses variétés,
confirment largement la théorie de M. de Vries.
Poursuivant ses recherches ingénieuses sur la matière colorante des vins, les alcaloïdes des tabacs,
les diverses albumines, Armand Gauthier a établi,
d'une façon lumineuse, que « chaque fois qu'il y a
variation et production d'une nouvelle race, non-
seulement les caractères extérieurs anatomiques et
histologiques du nouvel être varient, mais encore
la structure et la composition même de ses plasmas... En un mot race nouvelle veut dire variation profonde des plasmas. »

Etant donnée, par certains côtés, l'analogie qui
existe entre le règne végétal et le règne animal, toutes ces expériences faites sur la génèse et l'histologie
des plantes donnent le droit de poser des conclusions, dès maintenant, sur l'évolution des espèces
animales.

Cependant, on a voulu se rendre à l'évidence et
c'est ainsi que des analyses comparées ont été faites sur les matières albuminoïdes chez différents a-
nimaux. Là aussi on a constaté que race ou espèce
veut dire changement profond, différence radicale
des plasmas. Les albumines du cheval sont différentes de celles du mulet; il en est de même de celles
du singe et de l'homme. P. Cazneuve (cité par Jean
Finot) a mis en lumière que "l'émoglobine du sang,
en passant d'un animal à un autre, diffèrent chaque
fois comme le démontrent ses formes cristallines, en
ses propriétés secondaires et les hémathènes qui
dérivent".

Que si donc on tient à l'origine simiesque de l'homme je fais remarquer que dans l'état actuel de la
science il ne peut y avoir là dessus que des hypothèses d'ordre général – il faut admettre, avec la théorie de de Vries, que la race humaine est une espèce nouvelle, de transformation explosive, une manière de ' monstre" zoo'ogique, parue d'emblée à une
époque donnée sous l'influence de certaines condi-

tions impossibles à déterminer. C'est l'hypothèse à laquelle se rallie Metchnikoff. (1)

Dans tous les, cas si la race humaine, telle qu'elle existe à l'heure actuelle, présente des analogies remarquables avec les singes anthropmorphes, il n'en existe pas moins des différences essentielles, capitales, entre eux ; tandis que, malgré leur évidente bonne volonté, les anthropologistes n'ont jamais pu signaler un fait, mais un seul fait, m'entendez vous, relatif aux variations du sang entre les divers groupes blancs, noirs ou jaunes. Partout c'est l'identité absolue.

Bien plus, voici une autre remarque qui jette un jour nouveau sur la question. On sait qu'il n'y a que le sang des êtres appartenant à la même variété qui puisse leur être impunément injecté. On ne peut ainsi infuser le sang d'un lièvre dans l'organisme d'un lapin ; de la souris dans l'organisme d'un chien, d'un cheval ou d'un autre animal quelconque. On ne peut pas non plus injecter le sang d'un animal dans les veines d'un homme. Dans tous ces cas, le sang étranger, ne pouvant pas fusionner, va être détruit ou détruira l'organisme qui en a reçu l'infusion. Par contre, on peut infuser dans l'organisme d'un homme jaune le sang d'un blanc ou d'un nègre', aucun désordre particulier ne peut en résulter.

.•.

Cependant, on n'en a pas moins classé les humains en races supérieures et inférieures sur les prétendues différences anatomiques, dont les plus importantes auraient été constatées à la tête ou au crâne. La crâniométrie (2) et la céphalométrie (3)

_____

(1) Metchnikoff—Etudes sur la nature humaine. Masson, Paris, 1903.

(2) Mensuration du crâne.

(3) Mensuration de la tête sur le vivant et sur le cadavre.

ont pris tout de suite une importance capitale dans
l'anthropologie moderne.

Mais ni l'une ni l'autre de ces deux sciences n'a
donné de résultats appréciables au point de vue de la
réalité des faits. Toutes les mesures prises, tous les
calculs faits ont abouti à une confusion telle qu'
on en a tiré les conclusions les plus bizarres, les
plus extravagantes. C'est ainsi que, souvent, on verra, dans les diverses classifications proposées,
des Cafres ou d'autres catégories de Nègres marcher
côte à côte avec des Parisiens, au dessus des Japonais, au dessous des Allemands. C'est un chaos dans
lequel les esprits les plus sagaces ont de la peine
à se reconnaître. Cependant, on a eu recours encore à d'autres procédés concernant le poids du cerveau et la masse encéphalique ; on s'est également arrêté sur le cubage du crâne. Hélas ! là aussi les résultats sont pitoyables. En désespoir de cause, enfin, on s'est rabattu sur d'autres caractères
anatomiques tels que la taille, les cheveux, le pro-
gnathisme, la couleur. Retenons cette dernière dif-
férenciation.

Rien ne semble plus tranchant que la couleur de
la peau chez les différents groupes humains. Pour
l'observateur superficiel, la différence est caractéristique entre un blanc, un noir et un jaune. Cependant
tout cela se réduit à la couleur variable des cellules
du corps muqueux—couleur due très probablement
à l'influence du milieu représentée, en ce cas, par l'intensité des rayons solaires. Au reste, Virchow, le
célèbre histologiste allemand qui a spécialement
étudié la question, nous dit que sous le microscope "il n'y a ni blanc, ni noir, ni jaune, tout y est
brun. La peau du nègre trahit sous le microscope
des pigments foncés de même que celle de l'Européen le plus blond. . Les différences de coloration
se réduisent à des différences de quantité, non de
qualité". Et plus loin le même auteur ajoute qu'un
blond placé dans un certain milieu, deviendra brun
et réciproquement.

Ainsi donc, puisque tou'es les variations qui se mon-
trent parmi les hommes sont superficielles et ne dé-
cèlent aucune différence d'origine, n'assignent aucun rang de supériorité ou d'infériorité native aux
différentes catégories d'hommes, comment expliquer la dissemblance de culture morale et de civilisation si facilement remarquable chez les divers
groupes humains ?

Dans l'évolution des êtres vivants sur le globe et,
particulièrement, dans l'évolution de l'homme, il
y a un facteur qui domine toutes les transforma-
tions, facteur dont les manifestations sont malai-
sées à saisir et à comprendre, mais n'en restent
pas moins tangibles. C'est ce qu'on appelle l'influence du milieu. Elle opère dans le sens de la modification d'une façon lente et sûre depuis un nombre
incalculable de siècles cependant qu'à côté d'elle
existe une autre force, l'hérédité qui agit dans le
sens contraire, c'est-à-dire qui tend à perpétuer
dans les générations naissantes les caractères acquis. "En ces deux influences : centrifuge et cen-
tripète, se condensent les éléments principaux de
l'évolution de la matière".

Mais qu'est-ce que le milieu ?

Il est impossible de répondre d'une façon précise à cette question, de même qu'il n'est pas facile
de fixer toutes les lois qui agissent sur le phénomène de l'hérédité (1)

Néanmoins, on peut poser que "les conditions
climatériques, la composition du sol, la vie sociale
politique et intellectuelle, le bien être matériel jouent
leur rôle distinct dans l'expression définitive du
milieu".

Et indépendamment de l'influence du milieu avec
ses facteurs multiples et innombrables, le plus puis-

---

(1) Voir à ce sujet les profondes discussions rapportées par Dela-
ge : L'hérédité, Schleicher frères : Paris) Voir aussi Ribot. l'hérédité psychologique (2e éditions, 1903. F.Alcan.)

sant agent de transformation est encore le croisement que l'humanité pratique consciemment, ou
inconsciemment depuis les temps les plus reculés.
Tour à tour les races se sont pénétrées ; et parler
à l'heure actuelle de race pure, c'est faire une mé-
taphore vide de sens. Même les peuples nigritiens
qui semblent si fort tranchés avec les types blancs
ont subi l'effet du croisement.

En effet, de l'est à l'ouest du continent africain,
de l'Atlantique au bassin du Haut-Nil, dans une zo-
ne qui embrasse les Soudanais, les Sénégalais les Gui-
néens, on rencontre la trace des croisements des
Arabes avec les Ethiopiens et d'autres populations
noires. Les Arabes—ces sémites du Nord ont con-
tinué pendant une quinzaine de siècles leurs inva-
sions sur le continent africain, suivis à partir du 18
siècle de nombreux Européens...

* *

Nous venons de passer en revue les divers modes
de classification proposés par l'anthropologie moderne et nous avons également démontré combien
ils étaient vains et fragiles.

Nous avons, d'autre part, ramené la question
sous son vrai jour en mettant en relief les trois facteurs qui dominent cette question de race : l'influence du milieu, l'hérédité et le croisement. Notre
tâche eût été complète si depuis ces vingt ou trente
dernières années une science nouvelle ne s'était
élevée pour classer les peuples, non plus sur leurs
prétendues différences morphologiques, mais selon
leur tempérament et leur caractère. On s'est rendu
compte, retenons cet aveu, que les éléments fournis par l'anatomie étaient insuffisants pour diviser
les humains en races distinctes, et on a demandé
à la psychologie (1) les lois de l'évolution des peu-

_____

(1) Dr. Gustave Lebon : Lois psychologiques de l'évolution des
peuples. Félix Alcan, Paris (Voir aussi Lazarus : Volkpsychologis-
che, Berlin.)

ples. De là une nouvelle hiérarchisation des races
en quatre groupes distincts : 1o races primitives;
2o inférieures; 3o moyennes et 4o supérieures.

Les races primitives sont celles qui sont très voisines de l'animalité, tels sont les Fuégiens ; les inférieures sont représentées par les nègres: les moyennes par les Japonais et les Chinois; et enfin les
supérieures par les Européens.

Et on nous dira que ce qui distingue ces diverses races entre elles, c'est moins la forme de leur
crâne, la couleur de leur peau ou le développement de leur intelligence que leur tempérament et
leur caractère qui sont irréductibles.

Qu'est-ce donc que le caractère?

«Le caractère, répondra M. Gustave Lebon, (1)
est formé par la combinaison en proportion variée
des divers éléments que les psychologues dépei-
gnent habituellement aujourd'hui sous le nom de
sentiments». Pour qui a quelques bribes de philosophie voilà une réponse vague et sujette à d'in-
terminables discussions. Cependant c'est sur ces
données imprécises que l'oracle psychologique pro-
noncera des sentences aussi graves que celle-ci :
«On fait aisément un bachelier ou un avocat d'un
«nègre ou d'un japonais: mais on ne lui donne
«qu'un vernis tout-à-fait superficiel, sans action
sur sa constitution mentale. Ce que nulle instruc-
«tion ne peut lui donner, parce que l'hérédité seule
«le crée, ce sont les formes de la pensée, la logi-
«que et surtout le caractère des Occidentaux.

«Ce nègre ou ce japonais accumulera tous les diplômes possibles sans jamais arriver au niveau
d'un Européen ordinaire. En dix ans on lui donnera l'instruction d'un Anglais bien élevé. Pour en
faire un véritable Anglais dans les diverses circonstances de la vie où il sera placé, mille ans suffi-
raient à peine »! (2)

---

(1) Lebon. loc. cit.
(2) Lebon Loc. Cit.

Voyez-vous jusqu'à quelle aberration l'esprit de
·système peut pousser un honnête homme! Vraiment ces savants ne doutent de rien. Heureusement
qu'à leurs heures de recueillement ils avouent avec
ingénuité que « leur science est une forme très atté-
:uée de l'universelle ignorance. » (1)

Cependant, il est incontestable que la psychologie des peuples aurait pu rendre de réels services
à l'anthropologie si, comme le dit Kant, il était possible de pénétrer assez avant dans le caractère d'un
homme ou d'un peuple. Au lieu de cela, on se con-
tente de généralisations hâtives et imprudentes ; on
fixe en des formules lapidaires le caractère de tel
ou tel peuple. On ne tient pas compte que, pour
étudier l'âme d'une nation notamment d'une nation
civilisée, il faut déterminer la part respective des
divers éléments (peuples ou races) qui ont contribué à la former ; doser la part d'influence et la
qualité de chacun des composants pour, ensuite,
dans une synthèse globale, généraliser les investiga-
tions. Or l'état actuel de la science ne nous permet
pas de réaliser un pareil travail. Nous sommes réduits à former des conjectures plus ou moins fondées sur les peuples disparus D'autre part, ainsi
que l'a fait ressortir magistralement M. Tarde (2),
une telle étude pour être consciencieuse devra
s'appesantir particulièrement sur le rôle considérable que joue l'imitation sociale et internationale
dans la vie des peuples.

En dehors de ces conditions et d'autres encore
qu'il serait trop long d'énumérer ici, vouloir faire
la psychologie des peuples avec les éléments·dont
nous disposons, c'est ériger des inepties, des inventions romanesques en lois inéluctables (?) que la
science plus circonspecte et mieux informée détruira tôt ou tard. Car rien ne peut plus obscurcir l'é-

(1) G. L.hon — Psychologie des foules.
(2) Les lois de l'imitation, Félix Alcan.

elat souverain de la vérité. Et la preuve que cette
question de race réserve de graves surprises aux
théoriciens de cabinet, c'est malgré nos contemp-
teurs-- la saisissante évolution de la race noire aux
Etats-Unis et en Haïti

II

Dans les diverses classifications anthropologiques que nous avons étudiées plus haut, on a vu la
race noire placée au dernier rang de la hiérarchie.
Non seulement on lui refuse toute aptitude à la
civilisation, mais des écrivains. féroces à force d'ê-
tre fantaisistes, comme M. Paul ADAM, par exemple, la ravalent au dessons de certains animaux
intéressants. tels que le chien.

Leur opinion se justifie-t-elle par l'incapacité in-
vétérée de la race noire à s'élever au-dessus de la
barbarie (1), ou bien cette race a-t-elle donné des
preuves irrécusables qu'elle est susceptible de culture morale?

Notre évolution et celle de nos congénères aux
Etats-Unis donnent une réponse saisissante à cette
double question.

Voici juste 47 ans que les nègres américains ont
été affranchis de l'esclavage par la sanglante guerre
de Sécession : quelle est leur situation dans la grande République fédérale?

Je n'ai malheureusement pas sous la main les
derniers renseignements statistiques qui nous auraient donné les chiffres les plus précis à cet égard.

Mais le 11e. recensement fait en 1899 accuse une
population de 9 millions de colored people, où
nous trouvons 8 indigents sur chaque millier de

---

(1) Notez que dans une intéressante monographie sur Tombouc-
tou couronnée par l'Académie française, M. Félix Dubois relate
qu'il a retrouvé dans l'ancienne capitale du Soudan des traces
d'une civilisation nègre fort brillante au 16e siècle et détruite par
l'invasion des Maures et des Marocains.

nègres et la même proportion pour les blancs dont la proportion était environ de 61 millions. Par contre, les blancs accusaient, d'autre part, 64 pour mille d'hommes riches contre 1 pour mille de nègres riches. La proportion se rétablit en faveur des nègres au point de vue de la possession du sol.

En effet, sur 100 propriétaires on comptait 75 blancs contre 25 nègres, alors qu'il ne devait y avoir mathématiquement que de 12 à 13 o/o. Sur 100 maisons de nègres, 87 étaient libres de toute hypothèque tandis que sur 100 maisons de blancs 74 seulement étaient dans le même cas. Les nègres possédaient en outre 130,000 fermes d'une valeur de deux milliards de francs; des édifices publics (églises et autres) evalués à 190 millions de frs.; 150.000 autres immeubles valant près de deux milliards de francs.

Voilà pour le côté matériel. Et vous savez combien il compte dans ce pays où la valeur de l'homme est calculée au poids du dollar.

Mais au point de vue intellectuel les progrès des nègres sont ils aussi manifestes?

Ils possèdent 38 universités dont les plus remarquables sont la Howard University, la Fisk University, etc.. La première, depuis quarante ans qu'elle existe, a conféré des grades à plus de 2.000 étudiants, dont 200 pasteurs, 700 médecins. 200 avocats.

La Fisk University a délivré 400 diplômes en 1904 à des médecins, des instituteurs. des pasteurs, des ingénieurs, etc.

Nos congénères ont des poètes, des musiciens remarquables, tels que Paul Laurence Dunbar, M. Coles, les frères Johnson etc... (Ces derniers ont composé toutes une série de poèmes enchanteurs qu'ils ont eux-mêmes mis en musique et que j'ai entendus à travers tout le pays). Ils possèdent des historiens et des sociologues eminents comme M. Dubois; des mathématiciens de grande valeur comme le Dr. Blyden. Enfin, ils ont produit le plus

puissant orateur américain de nos jours, M. Booker
T. Washington.

Il serait oiseux de présenter au public haïtien le
génial pédagogue de Tuskegee. Mais ce que je tiens
à dire, c'est que l'on ne peut se faire, à distance,
une idée exacte de la portée sociale de l'œuvre de
.M. Booker T. Washington — Préparer dans toutes
les branches de l'industrie des ouvriers d'élite qui,
.non-seulement seront toujours en mesure de ga-
gner honorablement leur vie, mais qui, en outre,
par leur discipline et leur savoir, pourront exercer une grande influence dans la lutte gigantesque
entre le Capital et le Travail : voilà la fin dernière
à laquelle vise l'œuvre de Tuskegee. En effet, on
sait que les ouvriers noirs ne sont pas admis dans
les Union labor men (syndicats ouvriers fondés par
les blancs) ; mais lorsqu'une grève éclate dans un
corps de métier quelconque) comme dans les
boucheries de Chicago en 1904) tous les ouvriers
noirs qui n'acceptent pas de remplacer leurs confrères blancs seront acclamés par ceux-ci. Qu'ils
agissent d'une façon contraire, ils seront alors im-
pitoyablement conspués et lynchés. Si donc, à un
moment donné, on peut trouver dans le Sud (où
déjà presque tout le travail des champs est exécuté
par nos congénères), si l'on peut y trouver des
ouvriers noirs instruits, constitués en association
comme les blancs et prêts à se substituer à eux
dans leurs luttes contre les trusts, du coup vous
verrez que la question nègre prendra une autre
tournure aux Etats-Unis. Ce sera, par exemple, la
question de la baisse durable ou momentanée du
salaire par l'intrusion de la main-d'œuvre à bon
marché, mais il n'y aura plus à proprement parler d'antagonisme de race. Il me semble bien que
c'est à cette œuvre sociale qu'on travaille à Tuskegee comme à Hampton. Pour ma part, je ne
peux m'empêcher de dire bien haut combien la
question noire aux Etats Unis m'avait troublé a-
vant que j'eusse l'honneur de connaître ce pays.

Eh! bien, j'ai voulu me rendre compte personnel-
lement de ce qui se passe en cet étrange milieu.
J'ai affronté toutes les ignominies du préjugé de
couleur. Une fois, au cours de mon voyage dans
le black belt, j'ai été presque parqué dans un com-
partiment de bestiaux, j'ai été souvent mis à la porte des restaurants, refusé dans les hôtels, insulté
dans les cars. J'ai supporté allègrement ces durs
affronts afin d'analyser mieux et de plus près toutes les données complexes du problème des races.
Et j'ai vu des choses consolantes pour l'avenir;
j'ai rencontré dans la haute société noire beaucoup
d'hommes de valeur et de talent et des femmes de
grande distinction. En ces "figures de femmes au
teint d'ambre, au profil fier et presque hautain, aux
yeux ardents et mélancoliques et comme baignés
dans de la nacre liquide, les lèvres juste assez
charnues pour signifier la sensibilité, le menton se
relevant d'une gracieuse courbure, l'ovale noble, la
tête bien plantée sur un joli cou duveté, la poitri-
ne bombée, la taille fine et souple, la main petite
et distinguée, " (1) j'ai surpris le type humain auquel j'appartiens en pleine évolution esthétique.

Je sais bien que ce n'est pas ainsi que d'ordinaire les écrivains français qui vont en Amérique
sont habitués à dépeindre la race. Ma foi, rien
d'étonnant à cela ! Beaucoup d'entre eux ont voulu trouver en débarquant la justification d'idées
antérieurement émises sur la question. C'est ainsi
que M Paul Bourget y est allé tout juste pour
prendre part à la chasse et assister à la pendaison
d'un jeune mulâtre qui aurait commis quelque as-
sassinat en Georgie. Il a raconté l'incident avec
force détails dramatiques (2), et la conclusion lo-
gée dans son cerveau depuis longtemps à la bonne
place a jailli victorieusement : les nègres sont ra-

---

1 Jules Huret. De New-York à la Nouvelle Orléans, Charpentier.
2 Paul Bourget Outre-Mer.

dicalement inférieurs. Hélas ! avait-il besoin de se
déplacer pour se payer un tel spectacle ? Tous les
jours, dans les faubourgs parisiens à Ménilmon
tant, à la Villette, les apaches pourraient offrir
à peu près pareil régal à ses nerfs fatigués. Oui,
chaque année des romanciers se paient le luxe de
découvrir l'Amérique après deux mois de séjour à
New-York. Ils visitent les quartiers populeux de
la grande ville, y rencontrent des porte-faix nègres
et concluent que malgré le contact de la civilisation la race retourne à la barbarie africaine. Et le
dénigrement systématique continue, avec le même
parti-pris outrancier que depuis un siècle une certaine opinion publique exerce contre nous autres
Haïtiens.

III

En effet, il est généralement admis que depuis
1804 Haïti est vouée à l'anarchie et à la décadence,
que nous n'avons pas su utiliser la brillante civilisation de Saint-Domingue et qu'enfin nous sommes
descendus au niveau des peuplades africaines. Cette opinion est si profondément établie que les esprits les plus circonspects ont de la peine à s'en affranchir. C'est probablement ce qui explique pourquoi M. Jean Finot, dans son magistral livre sur le
préjugé des races, n'a pas osé demander la révision de ce jugement sommaire en citant l'exemple
de notre évolution, à côté de celle de nos frères
américains. Je lui en fais amèrement le reproche.
S'il avait cherché à nous connaître, j'espère bien
qu'il aurait trouvé amplement la justification légitime de son opinion. D'abord, nos écrivains qui ont
traité la matière lui auraient fourni de nouvelles
preuves à l'illustration de sa thèse et, ensuite, les
travaux de nos savants auraient raffermi sa conviction que le développement du cerveau nègre n'est
pas indifférent à l'humanité. Car s'il est une opinion
manifestement erronée, s'il est une hérésie histori-

que, c'est celle qui consiste à affirmer que Haïti libre et indépendante a hérité de la civilisation de Saint-Domingue. La vérité, c'est que, dans l'ancienne colonie française, il y avait une société organisée ayant les raffinements et les mœurs de la société française du 18ᵉ siècle, mais elle était exclusivement et absolument composée de blancs, lesquels possédaient, pour le maintien de leur luxe et de leur bien-être, une multitude d'esclaves considérés comme des bêtes de somme ou des biens meubles. Entre ces esclaves, dont le nombres, grâce à la cruauté morbide du maître, se renouvelait constamment par des importations d'Afrique, il n'y avait aucun lien politique avant leur arrivée en Haïti. Tirés de régions diverses, sur des côtes d'une énorme étendue, arrachés de tribus ennemies, ne parlant pas le même idiome, ces esclaves n'étaient solidarisés sur la terre d'Haïti que par leur commune souffrance et le même traitement barbare dont ils étaient victimes.

Mais alors, quand vint l'heure de la délivrance, une volonté géniale – celle de Toussaint-Louverture –sut se soumettre, discipliner, organiser ces éléments hétérogènes et en faire la nation qui brisa ses fers et réclama ses droits à la liberté. Cet immense, ce prodigieux effort a eu pour moteur conscient ou inconscient la trop cruelle souffrance qu'endura si longuement la grande masse des esclaves.

Le problème ne s'était pas posé de savoir ce qu'est la liberté et comment l'organiser dans une nation donnée. Il s'agissait tout simplement de ne pas souffrir plus longtemps la brutalité excessive du maître.

Aussi, pendant les 14 ans que dura la lutte qui aboutit finalement à notre indépendance, ce fut de part et d'autre une guerre atroce, exterminatrice, sans précédent dans l'histoire. A défaut d'armes perfectionnées la torche incendiaire fut un moyen radical dont les insurgés tirèrent le plus grand parti

On connait, au reste, le fameux mot d'ordre qui dé-
peint si bien à ce moment l'état d'âme de nos pères :"Au premier coup de canon d'alarme, les villes disparaissent et la Nation est debout".

C'est ainsi donc que, dégagée des langes de Saint
Domingue, Haïti s'est édifiée sur un monceau de
ruines et voilà dans quelles conditions désastreuses la nouvelle nation a pris naissance.

D'abord examinons-la au point de vue économique. Après la guerre de l'indépendance, il fallait
songer à apaiser le pays et à réorganiser le travail
sur de nouvelles bases. .

Mais comment ne pas éveiller des susceptibilités
ombrageuses en obligeant l'esclave d'hier à accepter par des moyens coercitifs la loi impérative du
travail ?

La nécessité inspira la démocratisation, le mor-
cellement de la propriété, non seulement en manière d'apaisement, mais comme une mesure politique pour récompenser le dévouement de certaines
personnalités.

L'on sent bien que si ce changement dans le régime la propriété pouvait se justifier au point de
vue politique, il n'en présentait pas moins de graves inconvénients quant à l'existence de certaines
industries agricoles telle que la fabrication du su-
cre.ou quant à la culture extensive du café et du coton qui représentaient les pricipales denrées d'exportation de Saint-Domingue: c'est ce qui explique—
notamment pour le café— cette régression signalée
dans les statistiques

De 77 millions de livres qui ont été exportées en
1789,—époque où la colonie avait atteint son maximum de développement—l'exportation est tombée,
vers 1825 1830, à 24, 26, 30 millions de livres an-
nuelles. Mais aujourd'hui nous arrivons, avec nos
20 à 25 q. et nos 70 millions de livres en moyenne
comme quatrième puissance dans le commerce
mondial du café, après le Vénézuéla qui ne produit que deux fois plus que nous malgré ses 1.639 ;

...

·398k.q ; avant la Colombie malgré ses 830.700k.car-
rés. Notre production annuelle doit être au moins
de cent millions de livres, si nous considérons l'é-
norme *coulage* de nos douanes qui défie toute stas-
tistique et la valeur de la consommation locale impossible à estimer. Nous exportons, de plus, une
moyenne de 5 millions de livres de cacao, 3 millions
de livres de coton, 111 millions de livres de bois
de teinture. Nous importons, malgré une crise financière d'une singulière intensité, des marchandi-
ses françaises, anglaises, allemandes, et américai-
nes pour plus de 15 millions de francs par an, avec
une population évaluée à 2.500.000 habitants—contre 480 000 âmes après la guerre.

L'année 1905, qui a été l'année commerciale la
plus misérable chez nous, a accusé une circulation
monétaire de 3.112, 446 dollars ce· qui fait une
moyenne d'environ 1 dollar et fraction par tête
d'habitant. Nous faisons remarquer que c'est le
plus bas chiffre auquel soit descendue notre circulation monétaire, le chiffre le plus élevé ayant été
en 1895 de 11 328.447 – soit une moyenne d'environ 4 dollars et fraction par tête d'habitant en admettant que le chiffre de la population ait été à
peu près stationnaire.

Il est bien entendu que ces chiffres sont tout à
fait approximatifs étant donné que le dénombre-
ment de la population n'a jamais été fait de façon
sérieuse

Cependant quoique ces chiffres soient loin de
donner une idée exacte du réel mouvement d'affaires de nos places commerciales, ils n'en dénotent
pas moins une vitalité économique qui refute pé-
remptoirement l'argument de nos détracteurs con-
sistant à faire de nous des êtres réfractaires à tout
progrès. Je sais bien qu'avec la grande fécondité
de notre sol, avec nos richesses minières, nous aurions pu donner un essor économique plus intense
à ce pays. exploiter plus de voies ferrées que nous
n'en avons, développer davantage notre commerce,

faire enfin d'Haïti un centre d'activité économique des plus remarquables. Je sais tout cela. Mais enfin là n'est pas la question : il s'agit tout simplement de savoir si nous sommes capables de civilisation.

Les faits répondent qu'après avoir détruit Saint-Domingue pour conquérir leur liberté, les nègres, qui jusqu'alors avaient été tenus en dehors de l'humanité, ont créé un nouveau groupement politique qui tient une place honorable dans les échanges internationaux.

Mais j'avoue que si c'était là simplement tout notre apport à la vie civilisée, j'aurais trouvé notre tribut un peu faible.

Non, ce qui caractérise notre évolution, c'est le développement harmonieux de nos facultés psychiques, ce sont les rapides conquêtes que nous avons faites dans le domaine de l'Idée.

On se rappelle l'état misérable dans lequel les nègres en grande partie furent amenés en ce pays. Parmi les plus déniaisés, parmi ceux qu'on considérait comme aptes à devenir domestiques plus tard, d'aucuns pouvaient compter de 1 jusqu'à 10 sans avoir la migraine. D'autres, prompts à l'imitation changeaient leur idiome africain rude et barbare contre le doux parler créole. Quant à la grande masse, on ne pouvait lui demander rien de plus que la besogne automatique à laquelle elle était assujettie. Pourtant un sourd travail d'assimilation s'accomplissait chez ces pauvres esclaves : la société des maîtres, toute d'élégance aisée, de luxe hautain, constituait à leurs yeux un idéal de vie éminemment propre à fasciner leur imagination, à impressionner leur âme primitive, une vie supérieure en tous cas aux habitudes du clan ou de la tribu d'Afrique.

Quelques uns au service de pères jésuites, demandaient, en échange de leur croyance en une vie future, leur initiation aux mystères de l'alphabet et de l'écriture; et c'est sans étonnement que les plus hardis devaient probablement sentir en 1789 ce que la déclaration des droits de l'homme

contenait de menaçant pour le monde colonial. Cependant en 1804 la nation naissante n'offrait certainement pas un grand nombre d'hommes très fa-
miliarisés avec l'orthographe, puisque longtemps
après, en 1843, Schœlcher nous cite un document
officieux où l'on déplore combien l'instruction est
peu répandue même dans les classes aisées. Il y a-
vait pour une population de 700,000 âmes 11 misérables écoles dans toute la République. » Mais
maintenant, ôh! maintenant notre budget de l'instruction publique s'élève environ à deux millions
de francs et alimente plus de 850 écoles. Et si vous
craignez justement d'être séduit par la puissance
imbécile du nombre, la culture du cerveau haïtien
a produit un résultat assez heureux en soi pour
que nous nous passions de chiffres. Car il n'est pas
une manifestation d'art ou de science à laquelle ne
se soit assouplie notre intelligence. Musique, poésie,
peinture, droit, médecine, génie, économie politique, sociologie, sciences appliquées, etc. nous a-
vons fructueusement tout abordé...

Après une période d'imitation assez laborieuse,
notre littérature a enfin trouvé sa note originale
aussi bien dans la satire de nos mœurs que dans
l'expression de la troublante beauté de nos paysages. Il y a telles pages de nos écrivains dont la profondeur n'a d'égale que la grâce des périodes et où
l'on sent enfin passer, dans la somptuosité du verbe, un frisson de grand Art...

Si donc un pays ne peut être jugé que par l'élite
de ses savants et de ses artistes, comment ne rap-
pellerions nous pas qu'à l'occasion du centenaire
de notre indépendance en 1904, la "Société des
écrivains haïtiens" a fait éditer à Port-au-Prince
deux volumes de morceaux choisis de nos prosa-
teurs et de nos poètes et que ces ouvrages ont été
couronnés par l'Académie Française! Tout cela ne
nous prouve-t-il pas que le cerveau nègre est propre à la culture intellectuelle. Et s'il fallait retor-
quer plus amplement le paradoxe soutenu par des

hommes comme M. Gustave Lebon ne pourrait-on pas citer l'exemple japonais pour infliger le plus flagrant démenti aux théories de hiérarchisation des races. Eh oui, l'éclatante manifestation du génie militaire des nippons dans leur récente guerre contre les russes, a attiré l'attention générale sur l'intelligence supérieure qu'ils ont révélée dans le mode d'assimilation du progrès humain; d'autre part l'évidente évolution de la race noire en Haïti et aux Etats-Unis, tous ces faits ont porté un formidable coup de hache à cette stupide théorie de l'inégalité des races humaines si soigneusement entretenue par l'orgueil et la vanité de certains savants.

Est-ce à dire pourtant que nous autres, Haïtiens, nous sommes sans péchés. Oh! quel est l'homme de bien que n'attriste profondément le spectacle de la dissolution de nos mœurs publiques? Quel est le patriote qui ne s'afflige pas du retour périodique de nos guerres civiles, de l'immoralité foncière de certains de nos hommes politiques, de notre obstination à ne point vouloir renoncer à des pratiques dont nous avons déjà tant souffert?

Quel est le penseur qui ne s'inquiète pas du fossé de plus en plus profond creusé, en ce pays, entre l'élite et la foule?

Hélas! ce sont des problèmes sur lesquels nos philosophes et nos sociologues pâlissent, sans désespérance et sans découragement. Mais l'une des causes qu'ils dénoncent avec éloquence, c'est le mal qu'a fait dans notre jeune société la doctrine de l'inégalité des humains, acceptée à ce point pour vraie que nous sommes tout à fait disposés à admettre notre propre infériorité en comparaison de la race blanche. Eh! bien, voici que la science, riche d'informations et de faits nouveaux ruine chaque jour davantage ce dogme féroce, en proclamant l'unité de notre espèce.

Sachons donc en tirer l'enseignement nécessaire pour une meilleure direction de notre vie.

Persuadons-nous que nous sommes tous des hommes comme tous les autres hommes.

Rappelons-nous ce que nous devons à notre chère Haïti. la mater dolorosa, et que comme fils de la même patrie malheureuse nous avons les uns envers les autres un devoir d'étroite solidarité.

Respectons enfin en chacun de nous ce qui fait la plus haute beauté de la vie, je veux dire l'éminente dignité de la nature humaine.

17 Novembre 1906.

DE L'ESTHÉTIQUE
DANS LES RACES.

DE L'ESTHÉTIQUE DANS LES RACES

Mesdames,
Messieurs,

Dans la précédente conférence que j'ai eu l'honneur de faire devant vous, nous avons essayé d'analyser ensemble les divers points de vue auxquels les anthropologistes se sont placés pour classer les races. Nous avons démontré — nous nous en flattons du moins — que les races qu'on a voulu fixer un des cadres rigides ont donné des preuves évidentes de la plasticité de leur intelligence. Nous nous sommes également efforcé de prouver, par l'exemple du peuple haïtien et celui de nos congénères américains, que la race noire en s'assimilant les progrès de la civilisation moderne effectue une amélioration de plus en plus sensible de sa mentalité. Mais dans les différentes classifications anthropologiques sur lesquelles on a bâti la hiérarchisation des races, il en est une que nous avons passée volontairement sous silence encore que son analyse nous eut offert le plus vif intérêt. Aussi j'ai pensé que pour compléter notre étude, il incombait de considérer la question de race au point de vue purement esthétique.

Vous savez que quelques fanatiques du darwinisme ont voulu trouver dans les nègres le type qui relierait les humains aux singes anthropoïdes. Pour étayer leur doctrine sur une certaine vraisemblance, ils ont cherché les points par lesquels on peut relever le plus de ressemblance entre le nègre et le singe. Dès lors on poussa l'anatomie comparée des deux espèces jusqu'au plus intime détail. Les

muscles. les os, les organes depuis les plus humbles
jusqu'au cerveau où réside incontestablement la
supériorité de l'homme, tout fut minutieusement
étudié et comparé C'est ainsi qu'on a cru constater
que les nègres avaient les bras très longs et que
souvent même cette longueur dépassait celle des
membres inférieurs. Vous comprenez bien que
doués d'une pareille constitution, les nègres n'auraient plus qu'à s'incliner légèrement vers la terre
pour reprendre de temps en temps la position des
quadrupèdes dont ils sont les grands parents.

Si ce fait était patent, il y aurait là non-seulement
une désharmonie esthétique mais encore un puissant argument en faveur de la thèse soutenue par
Burmeister à savoir que nous sommes l'anneau intermédiaire entre les races simiesques et la race
humaine. Mais vous savez ce qu'il advint des recherches faites dans ce sens. C'est que cette pré-
tendue longueur exagérée des bras, loin de s accuser chez les nègres serait au contraire un signe de
rapprochement entre les singes et les blancs étant
donné que ces derniers sont plus fréquemment atteints de cette anomalie d'après les recherches de
Ranke. En effet, en vertu de la grande loi physiolo-
gique qui veut que tout organe se développe aux
dépens de ses fonctions. il paraît qu'on aurait relevé que dans certains corps de métier. chez les nations civilisées. certains ouvriers ont des bras un
peu plus longs qu'à l'ordinaire. Il en est de même
d'ailleurs des rapports proportionnels du bras et
de l'avant-bras et en général de tous les faits rela-
tifs à la morphologie et à l'embryologie comparées
de l'homme et du singe. tous ces faits contribuent
à prouver non point une différence entre jaunes,
blancs et noirs; mais la communauté d'origine probable de l'espèce simiesque et de l'espèce humaine.

Et si l'on veut bien se rappeler à ce propos ce
que nous avons dit de la théorie des transforma-
tions explosives de M. de Vries, l'on verra que toutes ces constatations ne peuvent que raffermir notre

-opinion sur l'égalité des humains Mais ce n'est point là le côté le plus intéressant de la question pour nous, car de ce qu'il n'y a point de race qui ne soit plus près de l'animalité que d'autres, il ne s'ensuit nullement qu'on ne puisse établir une hiérarchisation ethnique basée sur la beauté corporelle.

Et tout de suite nous devons nous demander à quoi se reconnaît la beauté plastique dans l'espèce humaine? Réside-t-elle dans la simple régularité des traits ou bien, est-elle un équilibre de toutes les parties du corps harmonieusement développées? Y a-t-il réellement dans l'un et l'autre cas des groupes d'hommes considérés dans leur ensemble manifestement plus beaux que d'autres? Mais d'abord qu'est-ce que la beauté?

L'idée de beauté se présente-t-elle avec un caractère inéluctable et irréductible dans la pensée de tous les hommes? ou bien est-elle variable de peuple à peuple de telle façon qu'elle soit la resultante d'une certaine conception collective de la vie et qu'elle équivaille, en définitive, à une philosophie d'art?

Et d'ailleurs, qu'est-ce que l'Idée comprise au point de vue philosophique?

Intéressant problème, en vérité, dont la discussion dépasserait non seulement le cadre de cette conférence mais nous entraînerait trop loin de notre sujet. Nous ne nous arrêterons que très sommairement aux deux principales hypothèses sur l'origine des idées.

* *

Or, il y a beau temps que les philosophes discutent sur cette matière. Pour les uns, nous venons au monde avec le cerveau déjà façonné par certaines notions immutables, nous portons des vérités éternelles gravées en notre âme. L'expérience, en ce cas, ne peut qu'élargir et développer les ger-

mes déjà préexistants. Telles sont, par exemple,
les notions de temps et d'espace qui, par leur caractère d'universalité, semblent être des idées in-
nées. C'est ce qui a fait dire à Leibnitz que l'arith-
métique et la géométrie sont en nous d'une manière virtuelle.

D'autres, sans reprendre la vielle doctrine empiri-
que qui fait de chaque esprit une table rase avant
·l'expérience, admettent que deux facteurs contribuent à la formation de la connaissance: il y a
d'abord l'impression que nous recevons des choses extérieures (formes, couleurs, sensations agréa-
bles ou désagréables) et ensuite l'obligation qui
s'impose à l'esprit de lier, de coordonner cette
masse confuse et indisciplinée de phénomènes. On
ajoute d'autre part, que ce que nous appelons les
formes de la pensée, les notions de temps et d'espace elles mêmes, ne sauraient préexister dans l'â-
me humaine é ant donné qu'elles ne se rapportent
à rien de concret dans la nature; qu'elles y sont le
produit d'expériences agglomérées et fixées dans la
race par l'hérédité.

"De même, dit Herbert Spencer, que l'établissement de ces actions réflexes composées que nous
appelons instincts est explicable par ce principe que
des relations internes s'organisent par une perpé-
tuelle répétition, de façon à correspondre à des
relations externes, de même l'établissement de ces
relations mentales instinctives qui constituent nos
idées de temps et d'espace est explicable par le
même principe."

Telles sont très brièvement résumées les deux
principales hypothèses sur la genèse des idées qui,
apparemment, se contredisent d'ailleurs.

Quelle est la plus vraissemblable?

Nous n'avons pas la prétention d'en décider. Et
si nous n'avions pas peur d'être convaincu de pyrrho-
nisme nous oserions insinuer que peut-être chacune d'elles modèle une des faces de la vérité. Car si
la doctrine évolutionniste ne nous a pas encore ex-

pliqué d'une façon définitive comment et à quel moment précis de la durée, la vie a pu paraître sur
notre globe, il n'en est pas moins supposable que
des époques millénaires se sont succédé sans que
des phénomènes autres que ceux de physique et
de chimie aient été possibles sur la terre Dans ces
conditions, sentir et penser sont des facultés très
tard venues dans le monde, ce sont les produits
d'un long processus d'évolution. Il n'est donc pas
probable que l'humanité en se dégageant des formes primitives de la vie ait trouvé d'emblée certaines notions qui paraissent pourtant conditionner
les possibilités de son existence actuelle. Elles dérivent des expériences de la race et beaucoup d'entr elles portent la marque d'une patiente conquête
sur la matière...

La remarque est nécessaire pour nous permettre
de mieux apprécier toute la difficulté de la question
que nous nous sommes posée au début à propos de
l'origine de l'idée de beauté. En effet, nous sommes
si spontanément poussés vers l'admiration de certaines œuvres d'art ou de certaines merveilles naturelles, telle que la magnificence d'un ciel étoilé, par
exemple, que nous pouvons légitimement penser que
la notion du beau se présente en nous comme celle de l'espace. Rien n'est pourtant ni plus complexe, ni plus difficile à saisir. J'en trouve une première preuve dans la diversité même des définitions
qui ont été données de la beauté.

Il est vrai que depuis longtemps une maxime de
Platon la définit: «la splendeur du vrai» ce qui
veut dire que la première condition de la beauté
c'est d'être conforme à la vérité, c'est de tendre
vers la perfection sensible, enfin c'est «le vrai revêtu de formes puissantes et brillantes». Mais je
crains bien que la maxime platonicienne ne con-
fonde là deux entités distinctes. On a justement fait
remarquer que de ce qu'une chose est vraie, il ne
s'ensuit pas qu'elle soit belle. Telle est la justesse
d'un théorème géométrique, tels sont certains faits

d'ordre abstrait qui satisfont la raison sans ébran-
ler nos sens, sans émouvoir l'imagination et le
cœur. On a voulu également identifier le beau et le
bien. Certes, une bonne action peut-être belle. Mais
enfin il n'est pas besoin d'un long examen pour
concevoir— encore une fois — que ce sont là des
catégories différentes. La morale qui est la science
du bien a son but absolument indépendant de l'es-
·thétique ; et, rien qu'en faisant la distinction entre
le beau, le vrai et le bien, nous avons du même
coup rejeté— comme étant en dehors de notre sujet — la doctrine qui réunit en Dieu ces trois attributs dans leur suprème manifestation.

Retenons cependant que la beauté idéale ce serait la réalisation dans la nature ou dans l'art de
la plus haute perfection possible. C'est pourquoi
dans tous les traités d'esthétique on soumet la beauté à des lois fixes. Les formules en sont passablement variées, mais détachons en la coque et nous
verrons que la substance peut en être réduite à
quelques idées principales qui sont en quelque sorte le substratum de l'idée de beauté.

D'abord il y a les éléments qui exercent une véritable séduction sur nous, qui frappent plus particulièrement nos sens et notre cœur : telles sont
la Grâce et la Vie. Elles constituent l'essence de la
beauté. Est-ce pourquoi dans toutes les choses
créées par la nature que nous qualifions de belles,
se trouvent réalisées ces deux qualités dans leur
souveraine expression.

Je suis certain, d'autre part, que notre esprit ne
saurait concevoir une œuvre d'art d'où ces deux
qualités se trouveraient totalement absentes : la
Grâce qui donne la noblesse et le charme de l'attitude; la Vie, ce je ne sais quoi d'indéfinissable, qui
donne le sceau de l'immortalité, à certaines créa-
tions du génie humain. Tenons donc pour acquis
que la Grâce et la Vie sont des attributs sensibles
et indispensables de la Beauté.

Mais ils ne sont pas les seuls, il y a encore beaucoup d'autres éléments qui font appel à la raison
et à l'esprit : telles sont l'Unité et la Convenance,
d'où découlent dans certaines formes plastiques.
l'équilibre et la parfaite symétrie des parties. Voilà
en raccouci et singulièrement simplifiés les principaux éléments de la Beauté. De sorte que lorsque
nous les trouvons réunis quelque part, nous pouvons certainement sous la foi des esthéticiens nous
écrier : ceci est beau. Mais une question se pose.
Puisque la beauté a sa fin en elle-même, puisqu'elle
nous procure la plus pure et la plus complète
jouissance, puisqu'enfin elle est régie par des lois
fixes, cette loi se présente-elle à l'intelligence de
tous les hommes d'une façon impérative et avec
le même caractère d'évidence.

La réponse à cette question se trouve en chacun
de nous. Non certes, et sans que nous ayons le cœur
nullement gâté — comme le prétend Kant — nous
ne voyons point toutes les belles choses sous le même angle, la Beauté étant éminemment subjective,
chacun de nous nous portons en notre âme notre
idéal de beauté et cet idéal est tel que l'on fait nos
goûts, notre éducation et notre degré de culture.
Sans doute tous les hommes ont une tendance à
trouver beau quelque chose ou quelqu'un mais la
matière en est ondoyante et diverse, et si, tout à
l'heure j'ai essayé dans une analyse trop sommaire
de dégager les éléments essentiels dont est formé
le sentiment esthétique, il ne vous a pas été difficile de remarquer, au passage, que cette conception transcendante de la Beauté nous vient en
droite ligne de la Grèce. En effet, depuis que Platon et Aristote en ont formulé les lois, personne
d'autre n'y a apporté une contribution importante
et nouvelle. D'ailleurs ces idées qui font l'honneur
de la civilisation contemporaine constituent à l'heure
actuelle un héritage joliment onéreux pour nous
autres nègres qui ne pouvons nous réclamer d'ancêtres grecs et qui, cependant, jugeons les choses

d'esthétique selon les normes établies jadis sur les bords de la mer Égée. Telle est, Messieurs, l'influence incalculable de l'éducation. Elle agit sur nous avec une énorme puissance de suggestion. Avant que nous apprenions à penser par nous-mêmes, on nous apprend à penser avec les mêmes formules dont les autres se sont servis, si vrai que notre jugement s'exerce et se développe dans un moule qui se modifie très lentement.

Nous sommes ainsi tributaires d'une foule d'idées logées très paresseusement en notre âme qui décident de nos goûts sans que nous ayons le loisir d'en faire le contrôle Pour ce qui nous est personnel à nous autres haïtiens — l'éducation que nous recevons nous rapproche certainement bien plus près d'un français de nos jours que de nos aïeux africains et la question ne se pose même pas pour nous de savoir ce que nos pères eussent pensé sur tels sujets déterminés. Cependant la chose eut été vraiment intéressante si nous pouvions mesurer l'étendue du chemin parcouru dans l'évolution de nos idées.

En ce qui concerne notamment la question d'esthétique, nous aurions voulu savoir si les formes que nous jugeons belles aujourd'hui l'eussent été également pour nos pères Evidemment non. Nos goûts se sont modifiés. La preuve est que dans certaines tribus d'Afrique, il existe des coutumes si peu en rapport avec nos mœurs haïtiennes et qui froissent nos goûts d'une façon si violente que nous les répudions instinctivement sans penser qu'elles ont dû être celles de nos pères; et vous savez qu'une modification du goût peut bien être en relation avec une certaine manière de comprendre la vie. Tenez, je crois trouver un exemple de ce fait dans mes souvenirs de voyage aux États-Unis d'Amérique si fertiles en incidents de toute sorte.

Un jour, j'étais à la section haïtienne de l'exposition de St.-Louis, du Missouri dans l'exercice

de mes fonctions officielles de Commissaire de la
République. A un moment donné, je vis venir, à
travers les allées du « Foresiry building, » deux
jeunes noirs conduits par une espèce de cicerone
un peu bronzé et entourés par une foule agitée
qui leur lançait des lazzi de toutes sortes. Eux, les
noirs, impassibles, stupides, marchaient sans s'in-
quiéter de quoique ce fut. Ils étaient maigres, étri-
qués et n'avaient pour tout vêtement, qu'une mince
bande de toile sale enroulée à la taille et descen-
dant jusqu'à mi-cuisse. Ils marchaient. Tout à coup
ils arrivèrent vers l'endroit où je me trouvais. Ils
s'arêtèrent interdits, figés dans leur étonnement.
Cette attitude dura assez longtemps; puis ils me
montrèrent du doigt à la foule, le corps secoué d'un
rire fol et désordonné. Et enfin quand ils eurent
repris leur marche, intrigué à mon tour, je ne pus
me défendre de les suivre. Je parvins ainsi dans
l'une des extrémités du terrain de l'exposition où
la charité yankee les avait parqués pour le plus
grand plaisir des badauds. Il y avait là dans des
huttes, grouillant pêle-mêle, une trentaine de
noirs vêtus du même costume dont je viens de vous
parler. Ils étaient originaires des montagnes philip-
pines. Instruits de ma présence dans leur campe-
ment par leurs deux camarades que j'avais suivis,
ils me témoignèrent bruyamment d'un sentiment
que je n'arrive pas encore à bien définir. Dans ces
sortes de cas on ne peut pas s'empresser d'affirmer,
mais il me semble avoir démêlé dans les sentiments
que j'ai inspirés à mes congénères, de la stupéfac-
tion, de la méfiance, et surtout beaucoup de mépris. Car jamais on ne s'était moqué de moi d'une
façon aussi manifeste et avec autant d'entrain. Les
pauvres, ils parlaient, gesticulaient, piaillaient tous
ensemble, et d'un commun accord, ils me désignaient
du doigt comme l'objet de leur risée. Puis quand
je voulus m'en aller, tous de la main, me firent le
geste de quelqu'un qu'on chasse. Et je vous affir-
me que dans cette singulière scène, le plus malheu-

reux de tous n'était aucun de ces noirs philippins
ni personne de la foule des curieux. ...

Que se passait-il dans la tête de ces primitifs?
Peut être bien qu'ils me considéraient comme un
des leurs qui a renié la foi des ancêtres puisqu'habillé à la mode des hommes blancs, j'avais
l'air de comprendre leur langage et de m'entendre
avec eux, les maitres.

Peut-être me trouvaient-ils suprémement ridicule
dans mon accoutrement ?

Dans tous les cas, ce qui est indéniable, c'est
qu'entre eux et moi, ils sentaient des différences
incalculables de goût et de mœurs et probablement
ils ont dû juger que c'est moi qui ai tort d'avoir
changé. Car, vous savez, d'autre part, que sans
parler des parures étranges qu'affectionnent nos
congénères d'Afrique, ils ont des mœurs qui révèlent un sentiment du beau absolument différent du nôtre. Ne sait-on pas, par exemple, que la
blancheur des dents n'est pas fort en honneur
dans beaucoup de tribus. Là on les teint, on les
lime pour leur donner une forme conique.

Et ne rencontrerons-nous pas maints autres exemples de ce genre chez des peuples d'ancienne civilisation?

Les Chinois ne trouvent-ils pas inélégante la cam-
brure des pieds des Européens et ne sait-on pas
que dès le berceau avec une patience inlassable, ils
emprisonnent les pieds de leurs enfants en des
chaussures spéciales pour leur donner la forme que
nous connaissons? Si modernisés qu'ils soient on
pourrait certainement relever des faits du même
genre chez les Japonais. D'ailleurs tout l'art nippon
n'obéit-il pas à une conception dissemblable de l'art
occidental?

Il paraîtrait donc vraisemblable que pour les
Chinois comme pour les Japonais qui sont de vieux
peuples civilisés, les règles de la Beauté sont autres
que celles que nous avons analysées plus haut et
si, nous autres haïtiens, nous les avons adoptées

instinctivement c'est qu'elles nous ont été suggérées par notre éducation occidentale. Ce sont des idées d'emprunt; et nous en avons beaucoup de cette sorte qui ont une puissance d'autant plus irrésistible qu'elles forment maintenant la base de notre personnalité collective.

* *

Ainsi nous croyons avoir établi que le sentiment du beau, loin d'avoir l'objectivité d'une loi physique comme celle de la pesanteur, par exemple, varie non seulement suivant les peuples et les races mais encore selon les individus et leur degré de culture. Car, dans l'appréciation de toute forme plastique, il entre un élément intellectuel dont la puissance est plus ou moins grande selon que le goût est plus ou moins cultivé.

La chose par excellence sera donc la culture du goût.

C'est ce dont les Grecs nous ont donné l'exemple le plus significatif dans l'histoire universelle. Pendant plus de trois siècles, par nécessité politique autant que par une merveilleuse intuition esthétique, ils ont produit dans l'Art comme dans la Vie, les plus belles formes plastiques qui aient jamais existé. Et comment ont-ils pu y parvenir? C'est ce que nous allons voir.

* *

En face de l'Asie Mineure, sur la péninsule que baigne la mer Egée, ce peuple glorieux et jeune s'est élevé vers le 7ème siècle avant notre ère à une telle conception du sentiment esthétique que nul autre ne l'a dépassé après lui. Cela tient beaucoup à la qualité de sa civilisation toute printanière qui faisait de la perfection du genre humain l'idéal de la vie civique. D'abord, dans ces pays sillonnés de montagnes où les fleuves n'étaient guère navigables, les communications intérieures par cela seul devenaient absolument difficiles.

C'est pourquoi, la mer, la seule voie pratique qui s'offrit à l'intelligence souple et industrieuse des Grecs, leur fournit aussi le moyen de fonder le long des côtes leurs innombrables Cités, sortes de petits états dont les liens les plus sûrs étaient la communauté des mœurs, et surtout la communauté de la langue, sobre, facile ,et sonore que les rapsodes rythmaient sur leur lyre.

Mais l'union politique des Cités n'étaient pas toujours irréprochables. Aussi voyons-nous que celles d'entre elles qui s'étaient assouplies à un régime plus sévère, à une organisation plus rigoureuse en arrivaient à imposer leur façon de vivre aux autres. C'est ainsi que, à un moment donné, les Doriens vigoureux et entreprenants descendirent de leurs montagnes, envahirent la plupart des Cités, s'établirent dans Le Péloponèse, où ils fondèrent des villes comme Sparte. Ils y vécurent en conquérants orgueilleux au milieu d'ennemis cent fois plus nombreux qu'eux. La nécessité de maintenir les peuples conquis dans le respect et l'obéissance inspira des réglements d'une vérité excessive.

Par exemple, le Spartiate n'avait et ne devait avoir d'autres occupations que celles d endurcir son corps au noble métier du soldat et pour cela les esclaves à son service lui enlevaient le souci du travail matériel.

Tout Spartiate est né soldat. L'enfant appartient moins à son père qu'à la Cité. Dès son bas âge, on le livre à un magistrat chargé de faire son éducation selon les lois de l'Etat. S'il est atteint de quelque mal formation congénitale, on le tue. L'existence des infirmes pourrait compromettre l'avenir de la race, l'essentiel, c'est d'avoir des hommes bien faits. Au gymnase, dès sa septième année, il est soumis comme les enfants de son âge à un système d'enseignement officiel et public. Il y apprend la lutte du corps à corps, le saut, la cour se, le lancement du disque et l'exercice du javelot.

Court vêtu d'une tunique légère, hiver comme été il s'en débarrasse promptement quand plus tard, il participe aux jeux olympiques. En attendant, le strigile et les bains froids de l'Eurotas lui donnent le tissu solide et moelleux nécessaire à l'éphèbe qui s'exerce au métier de citoyen. Quand l'âge lui viendra de se marier, il ne choisira sa femme que parmi les jeunes filles qui ont reçu la même éducation que lui. Nues comme lui, il les a vues bondir avec grâce et souplesse, il s'est entraîné en leur compagnie à tous les jeux qui rendent le corps robuste et sain. Cela ne les a pas fait rougir.

La pudeur est un fruit tardif de civilisation inquiète.

Il a pu ainsi admirer à loisir les formes que la maternité heureuse développera, et, ce sera le bonheur de la Cité d'avoir des enfants en qui se perpétuent les nobles qualités de tels parents. Si, par malheur, stérile ou devenu vieux, il est impuissant à remplir ses devoirs de procréateur, la loi l'oblige à confier sa femme à la couche du voisin plus viril et plus heureux. Il ne s'en fâche pas, sa plus grande gloire est de rendre la Cité forte et prospère par le nombre des hommes valides et gaillards.

Voilà, Messieurs, le genre de sélection le plus soutenu, le plus sévère qui a valu à la Grèce d'avoir pendant longtemps la plus belle race d'hommes qui ait jamais existé.

Mais à côté de la gymnastique proprement dite, il y avait encore une autre institution dont le but était aussi la plus haute perfection du corps humain. Je veux dire l'orchestrique qui était, à parler juste, l'art sculptural des poses. Un jeune homme de bonne souche, dont l'éducation était parfaite devait savoir danser et comme les pas étaient multiples et divers, il y avait un maître de danse qui, au son de la flûte et de la cithare, enseignait l'art favori des dieux. Car vous savez que la danse avait le plus souvent un caractère sacré. Dans les panathénées, les éphèbes chargés de moduler l'ode de Pindare à la divinité tutélai-

re devaient être rompus à tous les exercices de l'orchestrique et ils émerveillaient l'assistance si, avec
l'élégance des pas et des gestes, ils montraient dans
la nudité du corps "l'assiette flexible du tronc sur le
bassin, l'agencement souple des membres, la courbe nette du talon, le réseau des muscles mouvants
et coulants sous la peau luisante et ferme."

Si vous voulez vous rappeler que cette conception
de la vie noble a été répandue dans les plus hautes
couches de la Cité, et si vous voulez bien vous rappeler que Sophocle, le plus bel éphèbe d'alors, dan-
sa nu le pæn en l'honneur d'Apollon après la bataille de Salamine,il ne vous sera pas difficile de comprendre pourquoi la sculpture a été l'art par excellence des Hellènes. Mais vous vous rendrez également compte pourquoi leurs artistes quand ils vou-
lurent rendre des hommages publics à la divinité en
taillant leurs traits dans le marbre immaculé, choi-
sissaient les plus beaux parmi les athlètes pour les
immortaliser par leur génie. Les modèles étaient là
sous la main, il n'y avait plus qu'à les idéaliser.

Eh ! bien, Messieurs c'est dans ce terrain, ains
préparé, dans cette race privilégiée, que s'éleva la
philosophie grecque cette autre fleur exquise du génie humain. J'espère bien, maintenent que nous n'a-
vons plus besoin de nous mettre martel en tête pour
trouver comment la théorie du beau, du vrai et du
bien a pu naître dans l'air léger et sous le ciel clair
de l'Attique.

Dans ces gymnases où les adolescents apprenaient
à devenir des hommes parfaits, à l'ombre parfumée
des platanes et des sycomores, les grecs très habiles
aussi en l'art «de parlerie» savaient venir deviser sur
toutes choses.Soyons certains,Messieurs,que la science de l'esthétique y a pris naissance.

Mais, vous le voyez, c'est sur un produit de haute
sélection que les artistes grecs ont établi le canon
de la beauté et nous aurions mauvaise grâce, en vérité, de nous laisser fasciner par la superstition classique. D'ailleurs les Hellènes n'ont pas trouvé d'em-

blée, comme du premier jet, les formules de cette
idée transcendante de la beauté.

Loin de là. Le début de leur art montre au contraire une telle gaucherie d'exécution que nous a-
vons peine à concevoir qu'ils aient pu s'élever au
dessus d'informes copies. C'est de l'Égypte, de l'As-
syrie que les Phéniciens leur rapportent les modèles dont ils feront une imitation presque littérale.
Mais peu à peu le génie de la race et les circonstances que nous avons précisées tout à l'heure ont fini
par façonner les goûts de l'artiste pour lui permettre de dégager des simulacres "en bois cirés, vêtus
de robes bariolées" la splendide statue d'or et d'i-
voire de Pallas Athénée.

Si, comme nous avons essayé de le démontrer la
plus haute ambition de l'art grec, notamment la sculpture, a été de réaliser dans le marbre une forme humaine idéalisée, si d'autre part la race hellène s'est
appliquée par un genre de sélection sévère à se rap-
procher autant que possible de cet idéal esthétique —
si, cependant, et la race et l'art grecs ne sont, en fin
de compte, que des produits d'évolution, déterminés
par la patience et l'intelligence de l'homme, vous voyez quelle conclusion nous pouvons tirer de ces faits.

C'est que la beauté dite classique, n'a rien d'objectif, elle a été à l'époque de son plus riche épanouissement la résultante d'une certaine conception
de la vie. On ne peut donc pas baser là dessus une
hiérarchisation des races.

⁂

Cependant acceptons pour infaillibles les lois d'esthétique dont nous avons parlé plus haut. La position de la race noire considérée à ce point de vue se-
rait-elle si désavantageuse ? J'ose dire que non. Car
l'on trouve en divers points de l'Afrique des variè-
tés de nègres qui se rapprochent beaucoup de la
beauté caucasique quant à la régularité des traits ; et
sans parler des Abyssins dont le type est remarqua-

b'ement affiné, nous avons au Soudan, diverses tribus entr'autres, celles des Nubiens et dans tout le
continent noir, nous avons de nombreux types qui
offrent, sauf la couleur de leur peau, des caractères
physiques rappelant sensiblement ceux des Européens.

Mais ai-je besoin d'aller si loin et n'avons nous
pas, ici même, dans ce pays, l'exemple d'une race
où l'on peut trouver tous les genres de beauté?

J'entends bien.

L'on me répondra que le peuple haïtien est, en
grande partie, un produit de croisement.

C'est vrai.

Mais enfin, il n'en est pas moins acquis que la
plus forte partie du sang haïtien est d'origine noire,
et, puisque souvent, nous nous réclamons de nos
ancêtres, il faudrait peut-être ne point oublier quelles étaient leurs qualités ethniques.

D'où venaient-ils, de quel point de l'Afrique les
avait-on pris pour les emmener à St.-Domingue et
comment étaient ils sous le rapport physique?

Moreau de St.-Méry répond que beaucoup d'entre
eux étaient originaires du Sénégal.

« Grands, bien faits, élancés, d'un noir d'ébène,
leur nez est allongé et assez semblable à celui des
blancs.» Puis d'autres venaient du Cap-Vert « et
leur taille est avantageuse et leurs traits sont heureux »; enfin toute la Côte d'Or fournissait le plus
grand nombre d'esclaves et « c'était des hommes
bien faits ». Voilà la base du mélange. A ce premier fond, puissant et indélébile, versez l'apport
généreux de la France et de l'Espagne, et enfin, à
tout cela, ajoutez la contribution — si faible soit-
elle — de l'aborigène primitif, de l'Indien orgueilleux, au teint blanc ou basané, à la chevelure so-
yeuse, et vous aurez synthétisé le sang qui coule
dans les veines de beaucoup d'entre nous; et si
vous songez que depuis plus de cent ans les générations se croisent à l'infini, que les variations en

sont multiples et diverses, vous comprendrez combien le type haïtien est mobile et changeant et vous comprendrez aussi pourquoi dans une même famille, souvent, frères et sœurs ont des traits et des couleurs tout à fait différents.

En effet, la gamme de nos nuances défie les rayons du spectre solaire.

En voulez-vous une preuve?

Essayons de crayonner dans ses grands traits une de nos professionnal beauties. Mais dans quelle variété la prendrons nous? Noire, brune ou griffonne, mulatresse cuivrée ou quarteronne, elles ont toutes la carnation chaude et saine que donnent l'air et le soleil des tropiques. Une autre chose les caractérise toutes aussi: c'est l'harmonie des lignes. Oh! ces lignes souples, des méplats de la tête à l'arc du talon, elles révèlent le dessin pur des épaules, la courbe molle des hanches, la justesse des proportions, la noblesse de l'eurythmie. Les traits manquent quelque fois d'une sereine impeccabilité. Mais, par contre, l'éclat scintillant des yeux, la magie du sourire, l'ivoire mat des dents trahissent un suprême rayonnement de grâce et de vie. Et si vous songez, d'autre part, que pour l'élégance du vêtement comme pour le fini de l'éducation, c'est à Paris que nous choisissons nos modèles, vous aurez ainsi achevé le type qui a si souvent fait la joie de vos yeux dans les salons de nos grandes villes.

Pourtant la race haïtienne est en plein devenir au point de vue du développement de sa mentalité et de ses formes plastiques. Car nous manquerions de loyauté si, en regard des exemplaires que nous venons de mettre sous vos yeux, nous ne vous avouions point qu'il en est d'autres encore très nombreux, qui marquent en quelque sorte l'étape que nous avons déjà parcourue par leur caractère frustre et disgracieux.

Mais là aussi je trouve que nous avons incontestablement gagné du terrain. Il y a eu une évolution dont nous pouvons mesurer la marche en considérant l'état de certains de nos frères d'Afrique qui sont affligés de stéatopygie, de tablier ou d'autres imperfections de ce genre. Nous ne leur ressemblons pas plus que l'Européen de nos jours ne ressemble à ces individus au crâne fuyant, à la colonne vertébrale arquée, aux jambes courtes et sans mollets, au corps presqu'entièrement poilu qui furent cependant nos ancêtres communs de l'âge de pierre . . .

Nous voilà arrivés, Mesdames, Messieurs, au terme de cette longue discussion.

Nous nous sommes évertué de mettre en relief qu'en général l'origine des idées est un problème difficile que la psychologie n'a pas entièrement résolu; en tout cas, l'origine de l'idée de beauté loin de se présenter à nous avec le caractère d'une notion simple comme celle de l'espace, est au contraire quelque chose d'extrêmement complexe. Nous avons, d'autre part, essayé de vous faire voir combien la beauté est un sentiment subjectif dont « nous fantasions les formes à notre appétit » selon la savoureuse expression de Montaigne. Au surplus nous avons montré par la vie des Grecs comment les canons esthétiques ont pris naissance et grâce à l'évolution du peuple haïtien, nous avons établi que même si on voulait nous les appliquer nous n'en serions pas autrement désavantagés.

D'aucuns parmi vous ont dû trouver inutile de nous être attardé à l'étude d'un tel sujet. Ils peuvent insinuer que tout cela n'a pas d'importance et que même, au point de vue des actions humaines, le rôle occupé par certaines personnalités illustres n'est pas toujours en rapport avec leur beauté. Ni la petite taille, ni le dos rond de Napoléon Bonaparte, ni la face renfrognée de vieux bouledogue de Otto de Bismarck ne les ont empêchés de changer la face de l'Europe. L'on peut d'autre part répéter à loisir la fameuse boutade de Pascal: « le nez de Cléopâtre, s'il eut été plus court la face du

monde aurait changé ». Oui, l'on peut dire tout cela
et l'on aura raison. Mais, je trouverai grâce devant
ceux qui pensent avec M. Edmond PAUL que la
question sociale dans ce pays peut bien être d'abord
une question d'estétique. Dès lors, MM. vous voyez
bien qu'il n'était pas tout à fait inutile de la traiter devant vous. Je regrette de l'avoir fait d'une
voix pâle et incertaine.

FIN

APPENDICE

I

APPENDICE

NOMBRE DES IMPRIMERIES EXISTANT EN HAITI.

PORT-AU-PRINCE :

Imprimerie Nationale (la mieux outillée)	1
Chauvet (Le Nouvelliste)	2
Magloire (Le Matin)	3
Crépin	4
Edm. Chenet (Haiti Commerciale, Agricole et Le Bulletin Religieux d Haiti	5
Saint Jacques (L'Essor)	6
Centrale (Le Courrier du Soir)	7
Bernard Dominique	8
Auguste Héraux	9

CAP-HAITIEN (2)

Bastien (Le "Cable")	10
"Petit Capois"	11

AUX CAYES (1)

	12

JACMEL (1)

(L'Abeille)	13

JEREMIE (1)

	14

Total—14

NOMBRE DE JOURNAUX ET REVUES EDITÉS DANS CES DIVERSES IMPRIMERIES.

PORT-AU-PRINCE

1o	Imprimerie Nationale	Le Moniteur Officiel. (bi-hebdomadaire)		1
	«	«	Le Bulletin de l'Observatoire du Petit Séminaire(mensuel)	2
2o	Imprimerie Chauvet	Le Nouvelliste (quotidien)		3
3o	«	Magloire	Le Matin (quotidien)	4
4o	«	Crepin	L'Evolution (bi hebd.)	5
			Bulletin de la Ligue de la Jeunesse haitienne	6
			La Nation (hebd)	7
			Rouge et Bleu (hebd.)	8
5o	«	St.Jacques	L'Essor quotidien)	9
			L'Essor Revue mesuelle	10
6o	«	Centrale	Courrier du Soir	11
7o	«	Aug.Heraux	La République (bi heb.)	12
8o	«		La Fraternite	13
	«		La Gazette des Tribunaux	14

CAP-HAITIEN

9o	Imprimerie Bastien	Le Câble (quotidien)		15
			La Renaïssance	16
10o	« du Pt Capo's	Le Petit Capois (mensuel)		17
11o	«	Bulletin de l'Alliance française du Cap-Haitien (mensuel)		18

AUX CAYES

12o		La Petite Revue (mensuelle)	19

JACMEL

13o	L'Abeille	(ad libitum}	20

JÉRÉMIE

Total ——
22

14o	2	Revues dont nous avons le regret de ne pouvoir citer les noms parce que nous ne les avons jamais vues.

NOMBRE D'OUVRAGES EDITÉS PENDANT CES CINQ DERNIÈRES ANNÉES A PORT-AU-PRINCE (ET PEUT-ÊTRE EN HAITI)

Imprimerie Crépin :

MM Jérémie	Mission de l'homme dans la vie	1 vol
Mc Donal G Best	Rhymnes of a marines (broch)	1 vol
E Depestre	La faillite d'une démocratie	1 vol
E Mathon	Annuaire de Législation 1915	1 vol
«	Judas (brochure)	1 vol
F Doret	Comment je conçois une Constitution (br)	1 vol
Supplice fils	Bulletin du Cons.Com. de St. Marc (br)	1 vol
Rodolphe Charmant	La République d'Haiti sa faillite, sa rédemption.(br)	1 vol
Léon Lahens	L'élite Intellectuelle (br)	1 vol
Albert Nef	Priam aux pieds d'Achille (br)	1 vol
Luc Dorsinville	Aperçu sur l'hist pol. de la Chambre de 1914 (br)	1 vol
Gabriel Lerouge	Ou vivre libres ou mourir(br)	1 vol

N.B Les autres imprimeries ont publié des feuilles qui n'ont pas eu une longue durée et des brochurettes dont il m'a été impossible d'avoir la nomenclature.

Le Matin :

Auguste Magloire	Hist d'Haiti	5 vol
F Hibert	Masques et visages	1 vol
	Anniversaire de 1 U.SS.II. (br)	1 vol
Abel. N Léger	(br)	1 vol
Félix Magloire	Cours d'instruction civique	1 vol
	Bulletin Com. (1915 1916)	1 vol
Candelon Rigaud	Lettre au Sénat (br)	1 vol
	Le S-L. et la Presse haitienne (br)	1 vol

24 vols

NOMBRE DES BIBLIOTHÈQUES PLUS OU MOINS PUBLIQUES.

PORT-AU-PRINCE :

1o   L Union catholique   Publique et gratuite
2o   Bibliothèque de la paroisse de la Cathédrale (initia-
     tive du Père Jan, Curé) Publique sous Garantie de
     caution.
3o   Bibliothèque de St. Louis de Gonzague   (Privée)
4o   « de la Société biblique et des livres religieux
              Publique.

Enquête sur le goût de la lecture.

——— ✦ ———

*Réponse de MM. Henry Chauvet et Chéraquit,
Directeurs du « Nouvelliste. »*

1° D. — Quelle influence probable votre journal
a-t-il exercée sur le goût de la lecture à Port-
au-Prince et dans les autres parties du pays?

R. — « Le « Nouvelliste » a incontestablement
exercé une grande influence sur le goût de
la lecture tant à Port au-Prince qu'en province. Jadis les journaux n'avaient qu'un
maximum de tirage à 500 exemplaires. Nous
avons atteint 2.500.

2° D. — Y a t-il eu augmentation du nombre de
vos lecteurs pendant les cinq dernières années?

R. — Augmentation insensible des abonnés
(non des lecteurs) pendant ces cinq dernières années.

3° D. — Les crises révolutionnaires ont-elles fait
augmenter ou diminuer le nombre de vos
lecteurs? Ou bien ce nombre est-il resté stationnaire?

R. — Les crises révolutionnaires nous ont toujours été préjudiciables : les régions trou-
blées ne recevant ou ne demandant qu'anor-
malement le journal — mais la crise passée,
le chiffre des abonnés reprenait son niveau.

4° D. — Combien de volumes, brochures ou Revues votre maison a-t-elle édités pendant
les 5 dernières années?

R. — Combien de volumes imprimés par nous !
Pas noté. En principe notre atelier et notre

presse étant absorbés par le journal, nous
n'acceptons guère d'autres travaux simi-
laires.

5° D. — Y a-t-il tendance à l'augmentation ou à
la diminution ou bien encore tendance à
rester à l'état stationnaire?

R. — Nous sommes à l'état stationnaire actuellement, à cause de la misère générale.
On lit beaucoup le journal cependant on
l'emprunte d'avantage. Il faut compter de 20
à 80 lecteurs par numéro à Port-au-Prince
et de 200 à 300 en province. Nous savons
que le journal est lu de toute une ville
alors que nous y avons à peine 10 abonnés.

6° D. — Depuis combien de temps votre journal
existe-t-il?

7° D. — Votre journal est-il le premier quotidien
du Pays?

8° D. — Le Quotidien est-il une forme de journal
définitivement acclimaté dans nos mœurs?

9° Quelle est votre opinion si pour une raison
quelconque, cette forme de la publicité venait à disparaitre?

10° D. — Quel est votre tirage quotidien?

R. — « Le Nouvelliste n'est pas le premier
quotidien du pays chronologiquement, mais
c'est le premier qui ait paru *régulièrement,
sérieusement*. Si bien que c'est le Nouvelliste
qui a acclimaté le quotidien dans nos
mœurs, au point de le rendre aujourd'hui
absolument *indispensable* au dire de tous.

En province, nous a-t-on dit, quand le journal
n'arrivait pas par faute de la poste, on était « in-

quiet ». Il nous semble que ce serait presqu'une
calamité si le quotidien disparaissait.

Nous entamons le 1er. Mai prochain notre 20me.
année.

Notre tirage normal? De 2.200 à 2.500 dont 1.300
à 1500 pour Port-au-Prince.

.•.
.•.

Réponse de M. Clément MAGLOIRE,
Directeur du Matin.

Elle est vraiment remarquable l'influence exercée par *Le Matin* sur le goût de la lecture à Port-
au-Prince et dans les autres parties du pays. — A
l'Imprimerie du journal, j'ai eu depuis le début en
1907, 4 (quatre) pressiers. Les quatre ont appris
à lire, facilités par les typographes qui, en présence
de leur bonne volonté et de leurs efforts, se sont mis
de bonne grâce à leur disposition.

Cette anecdote ne constituerait qu'un cas isolé
si je n'avais les rapports nouveaux de mes agents
et correspondants dans les Départements me re-
laiant des faits typiques d'émulation et le dépit
d'intéressants citoyens furieux de voir leurs amis
lire *Le Matin* et maudissant leur parents qui ne
leur avaient pas donné les éléments d'instruction
nécessaire pour leur permettre d'être au courant
des faits plus ou moins importants de la vie haïtienne. Je ne suis pas, semble-t-il tout à fait dans
votre question. J'y arrive pour vous parler maintenant du développement de ce goût de la lecture
dans toutes les classes de la société intéressées à
l'apparition régulière du *Matin* devenu indispensable
comme le pain de chaque jour. Pour un numéro du
journal, il faut compter 15, 20, 25 lecteurs selon
les relations et le tempérament de l'abonné, sans
compter que très souvent ce numéro est ensuite

expédié en province à des amis qui les repassent
aux leurs et ainsi indéfiniment. Tout ce qui paraît
dans le *Matin* est lu, commenté, discuté ; je dois
ajouter qu'il en est de même pour le *Nouvelliste*
et tel cu tel article de Revue passerait inaperçu s'il
n'était reproduit dans l'un ou l'autre de ces quotidiens. Pour me résumer, je peux affirmer que les
quotidiens ont développé dans tout le pays et cela
d'une façon continue le goût de la lecture ; — Il
n'est pas vrai de dire ou de croire que ce développement soit parallèle à celui des affaires. *Au contraire.*

2° D. — Y a-t-il eu augmentation du nombre de
vos lecteurs pendant ces 5 dernières années ?

R. — Certes le nombre des lecteurs va sans
cesse en augmentant car malgré l'insigni-
fiance des évènements haïtiens depuis quelque temps la curiosité veut toujours être
satisfaite *sans frais.* Ne pas confondre *lecteurs et abonnés.*

3° D. — Les crises révolutionnaires ont-elles fait
augmenter ou diminuer le nombre de vos
lecteurs ? Ou bien ce nombre est-il resté
stationnaire ?

R. — Les crises révolutionnaires n'ont fait
diminuer le nombre des lecteurs que dans
les Départemens privés de communications
avec la Capitale. Pendant ces époques de
troubles, la situation du journal était *lamen-
table,* à tous les points de vue.

4° D. — Combien de volumes, brochures ou Revues votre maison a-t-elle édités pendant
ces 5 dernières années ?

R. — A vrai dire, le *Matin* étant tellement
exigeant, il n'a jamais été facile à son imprimerie d'accepter à éditer des ouvrages

ou des Revues et publications quelconques
pouvant contrarier son apparition quotidienne. J'ai pu cependant éditer pendant
les 5 ou 6 dernières années:

1   La lanterne médicale (publication men-
    suelle disparue depuis)
2   Histoire d'Haïti d'Auguste Magloire
                                        5 vol.
3   Masques et visages de Fernand
    Hibert   1 vol.
4   Anniversaire de U. S. S. R.
                              (broch) 1 vol.
5   La doctrine Drago par Abel
                 N. Léger (broch) 1 vol.
6   Cours d'instruction civique
    par Félix Magloire   1 vol.
7   Bulletin communal 1915-1916
                          broch. 1 vol.
8   Lettre de l'ancien ministre
    Candelon Rigaud au Sénat broch. 1 vol.
9   La S. T. L. et la Presse haïtienne
    contrat de monopole broch.   1 vol.

5.° D.— Y a-t-il tendance à l'augmentation ou à
    la diminution ou bien encore tendance à
    rester à l'état stationnaire?

    .R. — Depuis quelque temps la situation du
    journal et de l'imprimerie reste stationaire.
    Les abonnés qui laissent sont remplacés
    par d'autres. Mais la crise du papier com-
    mence à inquiéter.

6° D. — Depuis combien de temps votre journal
    existe-t-il?

7° D. — Votre journal est-il le premier quotidien
    du pays ?

    R. —Je vous en prie, mon cher confrère ! . . .
    Il s'agit de s'entendre. Qu'entendez-vous par

premier quotidien? Voulez-vous comprendre par cette expression le *premier journal quotidien* fondé dans le pays ou *celui parmi les quotidiens* qui vient *en première ligne?*

Dans le premier cas, le « Matin » n'est pas en cause puisqu'avant lui, il y a eu le « Peuple » de J. J Audain, 2 éditions : l une hebdomadaire, l'autre quotidienne ; la « Revue express » de Crepsac ; « Le Glaneur » de Laforest ; « Le Soir » de Justin Lhérisson, « Le Matin » de Chéraquit et le « Nouvelliste » de MM. Chauvet et Chéraquit.

Dans l'autre cas, vous admettrez avec moi que la question est embarrassante et que seul le public pourrait y répondre.

8° D. — Le Quotidien est-il une forme de journal définitivement acclimaté dans nos mœurs?

R. — Le quotidien est devenu indispensable. Il fait partie de la vie haïtienne Si un jour une contrariété prive quelques abonnés de leur journal, les bureaux sont envahis.

9° D. — Quelle est votre opinion si pour une raison quelconque, cette forme de la publicité venait à disparaître?

R. — Si les quotidiens venaient à disparaître, il faudrait bien vite en créer d'autres. Ce serait une catastrophe aussi épouvantable que la disparition des églises ou des chapelles.

10° D. — Quel est votre tirage quotidien?

R. — Le tirage a été crescendo pour s'arrêter à 2.600. J'oscillais parfois entre 2300 et 2600 pendant les époques de troubles civils.

11° D. — Combien de numéros la Capitale absorbe-t-elle? .

R. — La Capitale absorbe à elle seule plus de la moitié du tirage.

M.

Si vous deviez aller faire un séjour de trois mois consécutifs à la campagne et que vous eussiez à emporter trois livres seulement pour vous tenir compagnie, quelles sont les œuvres que vous auriez choisies ?

Les œuvres que j'aurais choisies, si je devais aller faire un séjour de trois mois à la campagne et que j'eusse à emporter trois livres seulement pour me tenir compagnie ? Les voici :

Paul Adam : Le Trust
Jean Lorrain : Monsieur de Phocas
Oscar Wilde : De Profundis

THOMAS H. LECHAUD

.˙.

Monsieur,

Si je devais aller faire un séjour de trois mois à la campagne et que je ne dusse emporter que trois livres, pour tenir compagnie à ma solitude, je choisirais un volume n'importe lequel, — du *journal des Goncourt*, les *Contes de la Bécasse* et enfin un des deux derniers tomes de l'*Anthologie Warcb*.

Maintenant, vous allez, Monsieur, me permettre de vous faire un aveu. Je regretterais beaucoup de ne pouvoir choisir que ces trois livres. Ce choix serait un crime. Je me sentirais ingrat envers *Adolphe*, *Les Liaisons Dangereuses*, *Hommes et Dieux*, *Monsieur de Bougrelon*, *Les 18 et 19 Siècles*, de *Faguet* ; envers les *Contemporains* ; envers tous les romans de Bourget depuis le *Disciple* jusqu'au *Démon de Midi* inclusivement, envers les préfaces de Dumas Fils ; envers le *Phalène* et sa préface, envers *Chantecler* que les crapauds et les nocturnes ne m'empêcheront jamais de considérer comme un chef-d'œuvre ; envers... envers enfin tant d'autres œuvres à qui je dois tant d'heures inoubliables de joie.

Je vous dis que ce serait un crime.

. En tous cas, vous en porteriez la responsabilité avec moi, Monsieur et aussi l'espoir qu'il nous serait pardonné, à cause, d'abord, de votre grand souci de l'Education Haïtienne et parce que, ensuite, j'admire votre œuvre qui est, en vérité, très louable et qu'en outre, vous avez toute ma sympathie.

Agréez, Monsieur, mes salutations les meilleures.

LÉON LALEAU.

* *

Vraiment, cher Monsieur, je suis très embarrassé de dire quels sont les livres que j'apporterais si je devrais faire un séjour de trois mois à la campagne.

Il y en a de si beaux, de si instructifs, de si réconfortants.

Mais puisqu'avec regret il faudrait laisser tout Boissier, tout Bourget, tout Leconte de Lisle et Prudhomme et quelques volumes de la bibliothèque scientifique et philosophique du Dr. Gustave Le Bon, je prendrais donc « Les Aphorismes du Temps présent du Dr. Lebon, Les poésies complètes de Vigny et le Maître de la Mer de Melchior de Vogué.

PIERRE BRÉVILLE.

* *

Cher Monsieur Mars,

Vous me demandez de vous dire quels sont les livres que je choisirais, s'il m'était permis, en ce moment, d'aller

passer trois mois à la campagne, avec la faculté de n'en
apporter que trois.

A la première lecture de votre enquête, je vous avoue
que j'eus l'idée de vous répondre que ces trois livres, je
les prendrais parmi les œuvres des auteurs dont le commerce me conduirait certainement vers l'intellectualisme
le plus pur: les philosophes et les savants. Oui ma pensée s'est portée vers les grands littérateurs : poètes, romanciers, conteurs, dramaturges, qui savent parfois vous emporter au dessus de l'engeance délétère, vers les régions
idéales où sont totalement ignorées les passions vulgaires.
Mais il faut croire que mon esprit n'avait rien trouvé
qui me plaisait dans les œuvres de ceux-ci puisqu'en fin
de compte il a fixé son choix sur trois livres dont
deux qu'on ne lit plus, sans doute parce qu'on en
ignore les profondes beautés : *L'Evangile, l'Imitation, les poésies de Sully Prudhomme*. Je ne sais, M. Mars, si comme
moi vous avez senti combien notre vie sociale devient
âpre de plus en plus chaque jour. S'il faut en croire
la Tradition, il semble que nous avons laissé s'émousser dans nos cœurs, une vertu qui embellissait et
fortifiait notre corps social : la charité. Aujourd'hui, non
seulement nous ne nous aimons pas, mais nous nous respectons à peine. Nous sommes très instruits, savants en
bien des sciences, surtout dans la science du mal, et nous
avons laissé nos cœurs se dessécher à la flamme vive
des passions mauvaises. Aller à la campagne pour moi,
ce serait m'exiler du bruit, loin du choc violent des ambitions effrénées et inassouvies; ce serait tenter en face
de notre nature merveilleuse, de donner à mon âme
un peu de cette sérénité qui caractérise le vrai sage.
Aucun livre ne peut plus que l'*Imitation* et l'*Evangile*
me diriger dans les méditations salutaires. Je ne sais, M.
Mars, s'il vous est arrivé de lire au hasard, quelques-unes
de ces pages pleines de sagesse profonde. Si vous ne l'avez
jamais fait, faites-le et vous verrez quel immense profit
peut tirer un esprit qui veut se prémunir contre les haines,
surtout du commerce de l'homme des lèvres de qui sont
tombées ces paroles : « Bienheureux les miséricordieux,
car ils obtiendront miséricorde. »

Un de mes amis a eu à me montrer la meilleure façon de lire l'Imitation. On prend une épingle que l'on pique au hasard dans le livre. Elle m'a fait remarquer qu'on tombe toujours sur une belle pensée. Tenez j'ai l'ouvrage sous la main, car je le lis toujours. Voulez-vous que nous essayions ? Voilà ce que je trouve. « Celui qui ne désire point plaire aux hommes et qui ne craint point de leur déplaire, jouira d'une grande paix » Sentez-vous dans quelle profonde et fructueuse rêverie peut vous plonger cette simple phrase à la campagne surtout sous un manguier touffu en face d'un champ éclatant au clair et chaud soleil de juillet tandis que seul rompt le silence la mélopée étrange qu'en chœur fredonnent d'une voix monotone les laboureurs qui bêchent allègrement de leurs bras robustes la terre nourricière!

Un sentiment de profonde gratitude me porte à choisir les Poésies de Prudhomme Nul poète, nul écrivain n'a exercé sur mon esprit une influence plus heureuse. C'est Sully Prudhomme qui a formé mon cœur et lui a imprimé cette délicatesse que je lui remarque dans ses moindres battements. Il m'a montré à aimer, cet homme-là ; à accepter la joie et le bonheur et la souffrance d'un cœur égal, depuis qu'il s'est révélé à moi, le doux poète du « Vase brisé »

Ce sont donc ces trois livres que j'emporterais avec moi, cher Monsieur Mars, et je suis certain que, quand les trois mois révolus je retournerais à mes occupations de chaque jour, ce serait avec plus de sérénité dans l'accomplissement de ce que je considère comme mon devoir, et surtout plus d'indulgence envers ceux près de qui je suis appelé à vivre et qui ne sauraient être parfaits puisqu'ils participent de l'humaine nature.

Bien sincèrement votre,

Jacques DARTY.

.•.

Si je devais aller faire un séjour de trois mois consécutifs à la campagne et que j'eusse à emporter trois livres
seulement pour me tenir compagnie, j'aurais choisi

1o. Une bible
2o. Les fables de Lafontaine
3o. La Nouvelle Héloïse

Avec mes civilités,

Félix DIAMBOIS.

.•.

Monsieur,

Permettez-moi, en répondant à votre enquête, de ne
pas vous cacher qu'elle m'a laissé longtemps perplexe. En
effet, comment bien concilier toutes ses sympathies et
faire, parmi ses préférés, une sélection vraiment juste qui
aboutisse au nombre restreint que vous proposez : et cela
surtout, quand, nous autres poètes, nous avons, comme
l'a dit le bon Montaigne, une âme « ondoyante et diverse »
et quand notre cœur semble divisé en un nombre indé-
fini de petits compartiments où se logent toutes nos ami-
tiés, souvent malgré nous? . . . Mais, puisqu'il faut bien
que je vous réponde, je crois qu'après avoir caressé d'un
long regard, presque de détresse, tous mes chers amis
délaissés, je m'arrêterais au « Chariot D'or » d'Albert Samain, aux Fleurs du Mal de Baudelaire, et aux Scènes de
la vie de Bohème de Henry Murger. Et si je n'ai pas
derrière moi quelque vigilant cerbère qui retienne mon
geste, je crois bien que je glisserais doucement dans quelques coins de mes poches Monsieur de Bougrelon, Les
Vierges aux Rochers et Monna Vanna Voyez! « le cœur
innombrable » qui essaie de reprendre ses droits!

Agréez, Monsieur, l'assurance de mes sentiments distingués.

L. Henry DURAND.

*
* *

Quels livres j'emporterais pour un séjour de trois mois à la campagne? Mais certainement un Brunetière un Eugène Melchior de Vogüé et Hérédia?

Louis MORPEAU av

*
* *

1o. Un volume des Contemporains de J. Lemaître,
2o. Le Marquis de la Rouerie, de G. Lenôtre
3o. Adolphe, de Benjamain Constant.

Tels sont, cher Mousieur les trois ouvrages que j'emporterais avec moi si je devais aller à la campagne.
J'adore la campagne, j'aime l'étude.
Mais ne vous trompez pas sur mon compte; et, surtout n'allez pas me prendre pour un intellectuel . . . Je suis . . . commerçant.

F. TOUYA.

*
* *

Mon cher Confrère,

Depuis plus d'une année je me tiens presque tout le temps à « Lefèvre » où j'ai déjà —au fur et à mesure — voituré une bonne partie de ma bibliothèque.

Mais si je devais faire un séjour de trois mois consécutifs à la campagne, et que je *fusse forcé* de n'emporter que trois livres pour me tenir compagnie, je choisirais les « *Essais* » de Montaigne, la « *Philosophie de l'art* » de Taine et les « *Actes et Paroles* » de Victor Hugo.

Croyez-moi, mon cher confrère,

Votre bien sincère

Thales MANIGAT

Si je devais aller faire un séjour de trois mois consécutifs à la campagne et que j'eusse à emporter trois livres seulement pour me tenir compagnie, les œuvres que j'aurais choisies, sont les suivantes : Haiti et Roosevelt de Firmin, le Préjugé des races de Jean Finot et l'Energie américaine de Firmin Roz.

Un de mes meilleurs amis à qui j'ai communiqué mon choix, m'a exprimé le sentiment que personne ne voudra vous repondre avec sincérité et que toutes les communications que vous recevrez auront été dictées à leurs auteurs par une unique préoccupation : celle de vous laisser l'impression qu'ils ont le gout des lectures élevées. C'est pas malin, a-t-il conclu de procéder comme notre ami X. qui a choisi du Nietzsche, du Bergson, du W. James, sans avoir nullement l'intention de rien lire de ces auteurs. Et mon ami dont je viens de vous rapporter le sentiment, — sentiment comportant certes un certain fond d'exactitude, m'a enfin avoué qu'il ne vous répondrait pas, de peur qu'il ne cède à ce travers qu'il m'a signalé ou qu'on ne le lui prête.

Mais moi, je n'ai pas la même crainte et la preuve est que je vous adresse ma réponse sans hésiter. Je fais mieux je tiens à justifier mon choix, — cette justification sera une profession de foi — Je sais que la bonne opinion que vous avez de ma sincérité, de ma loyauté, vous empêchera d'appliquer à mon choix justifié ainsi que je vais le faire, le jugement un peu trop excessif de mon ami.

Depuis environ dix ans, je n'ai jamais eu de plus constante et de plus sincère préoccupation que celle du mieux être de mon pays et de l'émancipation de ma race. Et depuis les derniers malheurs qui se sont abattus sur notre chère Haiti, il m'a semblé que les esprits en proie à la même inquiétude que moi devaient chercher le plus possible à fortifier les deux notions suivantes : celle des besoins de notre nationalité qui se meurt, celle des intérêts bien compris de la malheureuse race noire qui étouffe sous le poids de la déconsidération universelle. Particulièrement, les livres que je vous ai désignés me semblent être de ceux qui sont les plus aptes à satisfaire à la double inquiétude de mon âme, de ceux aussi qui sont vrai-

ment propres à inspirer la double notion visée plus haut.
Vous démontrer comment, ce serait peut être aller trop
loin, et retenir davantage votre attention J'aime à ce dernier
sujet me fier à votre infaillible clairvoyance.

Je saisis cette occasion ponr vous renouveler, mon
cher. Ministre, l'assurance de mes sentiments toujours
sincères et dévoués.

Léon ALFRED av.·

.*.

Monsieur,

En réponse à la question que vous avez posée relativement
aux trois livres qu'on emporterait avec soi pour
le séjour d'un trimestre à la campagne, le cercle « Avenir
des Jeunes » m'a chargé de vous informer, qu'en dépit
de l'embarras ou l'on peut se trouver en pareille occurrence,
il ne serait pas malaisé de choisir par exemple :
le Génie du Christianisme de Chateaubriand, le Devoir
de Jules Simon et, la Mission de l'homme dans la vie
par Jérémie.

Respectueusement.

F. Jean-JACQUES

.*.

A

M. Price-Mars,

Suis-je un intellectuel ?. J'en doute.—Je ne puis, pourtant,
résister à la tentation d'apporter un mot à votre enquête.—

De ce mot sortira-t-il quelque-déduction utile au but que vous vous proposez ?...J'en doute, encore—Je le donne, néanmoins, tout uniment, tel que je le sens.

- La campagne !. . Ça me connait . Un coin de la Rivière Froide…un toit de chaume perdu dans le vallon, entre deux mornes verdoyants.—

Là, j ai lu bien des livres : Romans, Histoire, Philosophie etc. etc.—Mon Dieu ! J'en ai lu tant et tant que je ne suis pas bien sûr d'en avoir beaucoup retenu.

Mais, un jour, (un dimanche) je ne sais plus comment me vint un petit in-18,-288 feuillets exactement.

Etendu sur le gazon, aux rythmes berceurs de l'onde qui fuit,- j'ai bouquiné à l'aise.

Rien d'extraordinaire en somme ! Livre écrit pour les pensionnaires, les élèves, et le bon bourgeois ! !

Pourtant, quand le petit volume me tomba des mains sur cette conclusion :

«L'esprit de simplicité est un bien grand magicien.—Il «corrige les aspérités, il construit des ponts pardessus les «crévasses et les abimes, il rapproche les mains et les cœurs. «—Les formes qu'il revêt dans le monde sont en nombre «infini.—Mais, jamais il ne nous parait plus admirable que «lorsqu'il se fait jour à travers les barrières fatales des si-«tuations, des intérêts, des préjugés, triomphant des pi-«res obstacles permettant à ceux que tout semble sépa·«rer de s'entendre, de s'estimer, de s'aimer. Voilà le vrai «ciment social et c'est avec ce ciment-là que. se bâtit un peuple.»

Pauvre Société ! que ne puis-je te façonner une ère nouvelle !

Depuis j'ai fait du petit bouquin l'unique compagnon de mes excursions au milieu des bois.—

Vous tous qui ne l'avez pas lu lisez : La vie simple de Wagner.

A.B

**

RÉPONSE A L'ENQUÊTE

M. Price-Mars,

Vous nous demandez, cher Monsieur, de vous dire quels ouvrages nous apporterions avec nous s'il nous venait à l'esprit d'aller passer des jours à la campagne? . . . Trop craintive, nous craindrions de fixer notre choix sur des livres qui vous plairaient peu ou prou, ou qui nous feraient paraître ridicule à vos yeux. Cependant, des romans de Bourget, de Catulle Mendès ou de René Bazin, osons nous affirmer, ne laisseraient pas en pareille occurence de faire toutes nos délices. Pourtant nous ne voudrions point en apporter même un seul avec nous en ce temps d'effroi et de terreur.. Honni soit, cher monsieur, le jeune homme ou la jeune fille qui, en ce tournant difficile de notre existence nationale, passerait ses moments de loisir à contempler la silhouette de telle ou telle héroïne de Bourget ou le désintéressement de telle ou telle madone de Mendès. Nos heures toutes de méditation, devenant chaque jour de plus en plus profondes, nous ne voyons vraiment pas pourquoi nous les perdrions à lire des chefs d'œuvre d'imagination pure plutôt que de nous appliquer à panser les blessures de la patrie agonisante.

Ah ! s'il est un cœur qui saigne à la vue de ces blessures,—toute modestie à part,—nous voulons bien croire que c'est le nôtre. Aussi, n'avons nous jamais manqué depuis que le hidalgo fier arpente notre sol de nous complaire dans une étude approfondie sinon de l'histoire du pays, du moins du genre d'éducation qui convient à la génération qui monte.

A ce compte, nous ne croyons pas avoir besoin de vous dire qu'un gros volume d'Histoire d'Haïti ferait tout notre bonheur, d'abord parce que nous aimons à revivre nos origines, ensuite parcequ'à chaque fois qu'il nous est donné de revoir par la pensée le geste de Dessalines à la Crète à Pierrot et celui de Capois à Vertières nous nous sentons plus fières et plus orgueilleuses d'être des haïtiennes. Mais une histoire d'Haïti ne nous suffirait pas,

nous direz vous ? Eh ! bien, nous emporterions encore
avec nous, puisqu'après des heures d'une étude plus ou
moins aride, il faut se délasser l'esprit, nous emporterions
encore avec nous «l'Oracle» de Massillon Coicou, cette pièce si belle en soi dont la préface parce que recélant tout
son critérium de vérité nous plait joliment et dont chaque
vers, chaque phrase est pour nous un thème de foi et d'espérance.

Enfin, cherchant parmi les cent livres qui forment notre petite bibliothèque nous prendrions la «Réhabilitation
de la Race Noire» d'Hannibal Price qui nous ferait avoir
plus de confiance en l'avenir d'une Haïti forte et régéné-
rée et qui partant, dissiperait nos ennuis dans nos moments de désenchantement !

Excusez-nous, cher monsieur, de n'avoir su vous plaire et croyez à la sincérité de nos sentiments.

J.K.Marquise de Savary.

Saint Marc, 24 Juin 1917

*

Jérémie

J'ai plusieurs auteurs qui me plaisent mais depuis que
je vis pour ne pas mourir de dégoût, tant je suis touché
jusqu'aux fibres de ma jeune âme de patriote réduit à
l'état de «sans patrie à aimer et à laquelle sacrifier ma
ma vie pour son bonheur,» je cherche dans les livres les
plus vrais l'oubli de tous mes maux. Et la hideur du
monde supérieur s'intitulant gouverneur de l'humanité
animale m'intéresse suprêmement, aussi j'aime avec ferveur: Les *Mensonges conventionnels* de Max Nordeau;

Le *culte de l'Incompétence* de Emile Fagnet et les *Fables
de La Fontaine.*

Si, pour parler un peu comme les joueurs à la bête,
il fallait un quatrième, je crois que je choisirais le bré-

viaire de Machiavel, *Le Prince*. Ce serait la meilleure compagnie pour une villégiature dans les confins de Bordes.

Bien sincèrement,

Louis Léon BRUTUS

.*.

Le Voyage en Italie de Taine
Le Trésor des humbles de Mœterlinck
La Princesse lointaine de Rostand

Lucie AUGUSTE

.*.

Cher Monsieur,

En réponse à votre enquête concernant les trois livres à emporter en villégiature, j'accorde ma préférence aux œuvres suivantes :

1 — Le génie du Christianisme
2 — La légende des Siècles
3. — Les fables de La Fontaine.

Avec mes civilités,

C. WOLFF.

.*.

Si je devais faire un séjour de trois mois à la campagne devant emporter trois livres seulement je choisirais « La Vie Littéraire » d'Anatole France en 4 volumes

Dans ces 4 volumes je trouverais des critiques exquises de nos meilleurs auteurs et de leurs œuvres; avec ces volumes le temps semblerait court.

J'emporterais « Salammô » de Flaubert et « Sur la Branche » de Pierre de Coulevrain.

C'est un livre qu'il faut lire lentement, relire souvent, afin de bien se pénétrer des pensées philosophiques que nous y trouvons à chaque page.

Recevez, cher Monsieur, mes salutations distinguées.

EMILIE ROUMAIN

∗ ∗
∗

J'emporterais, Monsieur, un ouvrage historique, traitant de la Colonie de St-Domingue ou de la République d'Haïti, un volume de Brumetière et un roman de Bourget.

Veuillez agréer, Monsieur, les respectueux hommages de celui qui se souscrit l'un de vos plus fervents admirateurs.

L. MALBRANCHE.

ENQUÊTE
SUR LA PRÉPARATION
DE L'ÉLITE.

ENQUÊTE SUR LA PRÉPARATION
DE L'ÉLITE

><++++<

LE MOUVEMENT DES ÉCOLES

><+<

M.

En vue de documenter une prochaine conférence sur l'éducation sociale, je vous saurais un gré infini de répondre aux questions suivantes :

1c. Combien d'élèves ayant achevé leurs études jusqu'en philosophie votre établissement a-t-il fournis depuis dix ans ?

2o. Combien en comptez-vous qui se sont arrêtés à la rhétorique, à la seconde, à la troisième ou à la quatrième?

3o. Avez-vous remarqué un très grand déchet des classes inférieures aux classes supérieures ?

4o. Avez-vous suivi vos anciens élèves dans la vie, toujours depuis dix ans ?

5o. Pouvez-vous signaler à quel genre d'activité ils se sont livrés où ils se livrent ?

6o. Pouvez-vous citer leurs noms aux fins de contrôle s'il n'y a pas d'indiscrétion à le faire ?

Si les renseignements ne peuvent pas remonter jusqu'à la période de dix ans, vous êtes instamment prié de les circonscrire à la période qui vous conviendra le mieux.

Confiant dans votre bienveillance et votre loyauté pour me donner des informations exactes, je saisis etc.

N. B. Des lettres à peu près pareilles ont été adressées aux Supérieures des Institutions secondaires de jeunes filles.

Les Religieuses de la Congrégation de Saint Joseph de Cluny et le Pensionnat Notre Dame du Sacré Cœur dirigé par la Congrégation des Filles de la Sagesse m'ont fait l'honneur de m'envoyer avec une bonne grâce dont je leur suis très reconnaissant des informations très complètes. Je tiens à les en remercier très vivement. On remarquera avec peine l'absence de tous renseigne-

PETIT SÉMINAIRE COLLÈGE ST.-MARTIAL. (1)
Etablissement d'Enseignement Secondaire.
(*Congréganiste*)

Le tableau ci-contre contient le mouvement du personnel des élèves au Petit Séminaire Collège depuis la classe de 10e jusqu'à celle de Philosophie pendant les dernières années. La colonne A indique la classe et l'année: ex : 10e 97-98 veut dire classe de 10e pendant l'année scolaire 1897-98 — la colonne B porte un chiffre correspondant à chaque classe de la colonne A, et qui est le chiffre des élèves ayant fréquenté cette classe pendant toute la durée de l'année scolaire marquée dans la colonne A à coté de cette classe, ainsi pendant l'année scolaire 1897/98, 43 élèves ont passé dans la classe de 10e; ils n'y ont pas tous été présents ensemble car plusieurs ont pu rentrer dans le cours de l'année et d'autres sont sortis avant la fin de l'année. Les colonnes qui suivent, lues verticalement de haut en bas contiennent pour premier chiffre le chiffre des élèves entrés dans la classe dont le nom figure au haut de la colonne et à gauche dans la colonne A et qui n'ont pas passé dans la classe précédente —

---

ments concernant l'enseignement secondaire laïque de jeunes filles. L'État s'en désintéresse. Les établissements privés se sont dérobés à mon enquête.

D'autre part, j'ai voulu suivre le mouvement de nos trois Ecoles Supérieures pendant la dernière décade. J'ai remis un questionnaire à leurs Directeurs qui m'ont fourni des informations avec une loyauté dont je leur sais un gré infini.

---

1 Je m'empresse de rendre hommage à la bienveillance du R. P. Supérieur du Petit Séminaire Collège qui a fait un si grand accueil à mon enquête. Le tableau ci-dessus qu'il m'a envoyé en même temps qu'il m'a procuré les renseignements abondants dont j'avais besoin témoigne du souci d'ordre et de bonne tenue qui sont, entr'autres qualités, les marques certaines de la maison que dirigent les bons Pères du Saint Esprit.

Dois-je dire que sauf au Collège-Louverture dont M. L. C.-Lhérisson, Inspecteur général de l'Instruction Publique, est le Di-

y compris ceux qui redoublent la classe — puis dans
les lignes suivantes, le chiffre des élèves dont le
nom figure au haut de la colonne et qui ont passé
aux classes suivantes par exemple la 10e a reçu dans
l'année scolaire 1897 98, 43 élèves dont 26 ont passé en 9e (98 99), 26 en 8e (99 00) 19 en 7e (00-01)
etc.

L'âge des élèves par classe peut être estimé ainsi
en 10e de 8 à 10 ans — en 9e de 9 à 11 ans en 8e
de 10 à 12 ans — en 7e de 11 à 13 — en 6e de de
12 à 14 ans — en 5e de 13 à 15 ans — en 4e de 14
à 16 ans – en 3e de 15 à 17 ans — en 2e de 16 à
18 ans — en Rhétorique de 17 à 19 ans — en Philosophie de 18 à 20 ans.

Le nombre des élèves de Philosophie qui ont a-
chevé leur cours est écrit en *italique* sous le nombre
des élèves entrés en Philosophie. Les classes de
Rhétorique 1911-12 ont été supprimées à la fin du
premier Trimestre de l'année scolaire — de là il n'y
a pas de Philosophie en 1912-13 et 1916-17. Il n'y
en a pas eu non plus en 1908-09.

Les 3 classes de 10e 9e et 8e sont d'enseignement
primaire — la 10e est recrutée parmi les élèves qui
sortent de la classe enfantine non mentionnée dans
la table.

Nos rapports avec les élèves qui nous ont quit-
tés sont basés sur la confiance qu'ils ont en nous,
nous n'avons aucune association pour les grouper.
Nous n'avons qu'à nous louer de leur fidélité à leurs
anciens maîtres de notre côté nous tachons de les
aider par nos services et nos conseils.

recteur très justement apprécié dans le monde pédagogique, sauf à
l'Ecole Secondaire spéciale de garçons qui relève de M. Chancy
dont le dévouement et le zèle sont connus de tous, dois-je dire
que mon initiative n'a semblé soulever en général ni intérêt ni
sympathie dans l'enseignement laïque ?
Je n'en apprécie pas moins la bonne volonté de certains de mes
correspondants qui, comme M. Duvivier Hall, l'honorable Directeur du Lycée des Gives, sont trop récents à la tête de leurs établissements pour pouvoir me donner entière satisfaction.

A	B/	10e	9e	8e	7e	6e	5e	4e	3e	2d	Rh	Ph
10e 97-98	43	43										
9e 98-99	54	26	8									
8e 99-00	41	26	4	11								
7e 00-01	36	19	1	8	8							
6e 01-02	37	12	1	6	6	12						
5e 02-03	36	10	1	5	6	7	7					
4e 03-04	23	5	1	3	3	2	4	5				
3e 04-05	20	4	1	3	2	2	3	2	3			
2d 05-06	13	2	0	3	2	2	2	2	0	0		
Rhe 06-07	7	2	0	1	2	0	0	2	0	0	0	
Phe 07-08	4	2	0	1	1	0	0	0	0	0	0	0

quatre

A	B/	10e	9e	8e	7e	6e	5e	4e	3e	2d	Rh	Ph
10e 98 99	40	40										
9e 99-00	32	26	6									
8e 00 01	45	23	4	18								
7e 01-02	45	17	4	12	12							
6e 02-03	39	12	3	8	10	6						
5e 03 04	42	9	3	6	9	5	10					
4e 04-05	39	9	2	4	9	4	7	4				
3e 05 06	38	9	2	2	7	4	6	3	5			
2d 06-07	20	5	2	2	1	2	2	2	2	2		
Rhe 07-08	14	4	0	1	1	2	2	2	1	1	0	
Phe 08-09	0											

A	B/	10e	9e	8e	7e	6e	5e	4e	3e	2d	Rh	Ph
10e 99-00	38	38										
9e 00-01	44	32	12									
8e 01-02	48	26	12	10								
7e 02-03	42	19	6	8	9							
6e 03 04	33	12	4	5	3	9						
5e 04 05	37	12	4	5	2	5	9					
4e 05-06	40	12	3	5	2	3	9	6				
3e 06 07	29	8	3	3	0	2	5	5	3			
2e 07-08	20	5	2	3	0	2	3	4	2	0		
Rh 08 09	13	4	0	1	0	1	3	3	1	0	0	
Ph 09-10	3	1	0	0	0	0	0	1	1	0	0	0

trois

A	B	10e	9e	8e	7e	6e	5e	4e	3e	2.1	Rh	Ph
10e	00-01	35	35										
9e	01 02	35	26	9									
8e	02 03	35	20	6	9								
7e	03 04	40	12	4	6	18							
6e	04-05	56	10	4	6	13	18						
5e	05 06	51	6	3	5	15	12	10					
4e	06-07	35	5	2	3	10	7	4	4				
3e	07-08	28	3	2	3	5	7	1	4	3			
2¹	08-09	21	3	1	2	2	6	1	3	2	0		
Rh	09-10	14	2	1	0	2	4	0	1	2	0	2	
Ph	10-11	2	1	0	0	0	0	0	0	0	0	1	0

deux

A	B	10e	9e	8e	7e	6e	5e	4e	3e	2.1	Rh	Ph
10e	01-02	36	36										
9e	02-03	35	26	9									
8e	03 04	44	21	7	16								
7e	04 05	60	20	6	13	24							
6e	05-06	55	16	5	10	13	11						
5e	06-07	44	15	2	6	7	6	8					
4e	07-08	33	10	1	2	8	6	5	3				
3e	08-09	24	7	1	2	3	4	2	2	3			
2¹	09-10	19	5	0	1	2	2	2	1	3	3		
Rh	10-11	14	4	0	1	0	1	1	1	2	3	1	
Ph	11-12	1	0	0	0	0	0	0	0	1	0	0	0

trois

A	B	10e	9e	8e	7e	6e	5e	4e	3e	2.1	Rh	Ph
10e	02/03	33	33										
9e	03.04	38	24	14									
8e	04/05	46	20	14	12								
7e	05/06	57	18	14	10	15							
6e	06/07	51	9	9	4	15	14						
5e	07/08	47	5	7	3	11	10	11					
4e	08/09	36	5	6	3	4	6	5	7				
3e	09/10	30	5	4	0	4	5	5	5	2			
2¹	10/11	23	4	4	0	3	3	4	2	1	2		
Rh	11/12	16	3	3	0	1	1	1	1	0	0	0	
Ph	12/13	0											

A	B	10e	9e	8e	7e	6e	5e	4e	3e	2d	Rh	Ph
10e	03-04	48	48										
9e	04-05	45	34	11									
8e	05-06	54	29	6	19								
7e	06-07	63	24	4	13	22							
6e	07-08	54	17	3	10	13	11						
5e	08-09	34	9	0	4	9	8	5					
4e	09-10	34	9	0	2	7	7	2	7				
3e	10-11	23	6	0	1	6	3	2	5	0			
2e	11-12	14	5	0	1	4	1	1	2	0	0		
Rh	12-13	8	3	0	0	2	0	1	1	0	0	1	
Ph	13-14	4	1	0	0	2	0	0	0	0	0	1	0

quatre

A	B	10e	9e	8e	7e	6e	5e	4e	3e	2d	Rh	Ph
10e	04-05	53	53										
9e	05-06	49	37	12									
8e	06-07	46	21	5	18								
7e	07-08	41	18	2	12	9							
6e	08-09	37	9	2	6	7	13						
5e	09-10	33	7	1	6	4	5	10					
4e	10-11	33	6	1	3	2	4	4	13				
3e	11-12	22	5	1	1	1	2	4	3	5			
2e	12-13	13	4	0	0	1	1	3	2	2	0		
Rh	13-14	11	4	0	0	0	1	1	2	2	0	1	
Ph	14-15	10	3	0	0	0	1	1	2	2	1	0	

cinq

A	B	10e	9e	8e	7e	6e	5e	4e	3e	2d	Rh	Ph
10e	05-06	55	55										
9e	06-07	59	33	26									
8e	07-08	48	23	11	14								
7e	08-09	62	19	6	10	27							
6e	09-10	64	17	2	7	19	19						
5e	10-11	56	15	0	3	12	10	16					
4e	11-12	35	9	0	3	7	3	7	6				
3e	12-13	20	5	0	2	4	2	4	2	1			
2e	13-14	12	3	0	0	3	3	3	0	0	0		
Rh	14-15	11	3	0	0	2	3	3	0	0	0	0	
Ph	15-16	4	0	0	0	0	1	3	0	0	0	0	0

deux

A	B	10e	9e	8e	7e	6e	5e	4e	3e	2d	Rh
10e	06-07	47	47								
9e	07-08	46	36	10							
8e	08-09	49	29	6	14						
7e	09-10	61	26	3	8	24					
6e	10-11	67	15	1	5	16	30				
5e	11-12	50	9	1	2	8	9	21			
4e	12-13	33	6	1	2	6	5	10	3		
3e	13-14	22	5	0	1	3	4	6	1	2	
2e	14-15	16	5	0	1	1	3	3	0	2	1
Rh	15-16	14	5	0	1	1	3	2	0	1	1	0

A	B	10e	9e	8e	7e	6e	5e	4e	3e	2d	Rh
10e	07-08	46	46								
9e	08-09	45	34	11							
8e	09-10	50	28	7	15						
7e	10-11	72	24	6	11	31					
6e	11-12	76	14	6	7	18	31				
5e	12-13	43	7	0	5	11	14	6			
4e	13-14	40	6	0	5	7	13	5	4		
3e	14-15	34	5	0	5	5	12	3	4	0	
2e	15-16	27	5	0	3	3	8	1	3	0	4
Rh	16-17	21	5	0	3	3	4	0	1	0	1	4

A	B	10e	9e	8e	7e	6e	5e	4e	3e	2d	Rh
10e	08-09	50	50								
9e	09-10	45	36	9							
8e	10-11	53	30	9	14						
7e	11-12	69	23	9	6	31					
6e	12-13	45	10	0	6	14	15				
5e	13-14	38	6	0	5	11	11	5			
4e	14-15	35	3	0	5	8	11	2	6		
3e	15-16	29	3	0	2	8	9	1	4	2	
2e	16-17	17	2	0	1	6	3	1	3	1	0

A	B	10e	9e	8e	7e	6e	5e	4e	3e
10e	09|10	48	48						
9e	10|11	57	41	16					
8e	11|12	51	24	13	14				
7e	12|13	61	15	11	11	24			
6e	13|14	47	9	7	4	18	9		
5e	14|15	39	8	6	2	12	3	8	
4e	15|16	31	7	3	1	11	3	5	1
3e	16|17	24	6	2	0	10	1	3	1	1

A	B	10e	9e	8e	7e	6e	5e	4e	3e
10e	10|11	54	54						
9e	11|12	59	41	18					
8e	12|13	48	25	10	13				
7e	13|14	46	19	3	11	13	–		
6e	14|15	38	13	1	4	5	15		
5e	15|16	43	13	1	4	5	15	5	
4e	16|17	31	9	0	4	3	9	3	3

Noms des élèves ayant terminé leur Philosophie pendant ces 10 ans.

1907|08   Léon Lahens employé au Département des Relations Extérieures,
Lélio Malébranche avocat,
Justin Rousseau ;

1909|10   Paul Barjon avocat,
Rulx Léon médecin aux Cayes,
Alphonse Férère ;

1910|11   Georges Cadozo des Cayes engagé en 1915 dans les toupes canadiennes, mort sur le front de l'Artois en Juin 1915 .
Albert Claude des Cayes, avocat
Félix Gordon ingénieur ;

1911|12   Odilon Charles avocat ;

1913|14   Emmanuel Craig école de médecine,
Charles Duncombe   id
Maurice Ethéart   id

Edward Volel école de droit,
Emmanuel Francœur
1914|15   Joseph Benoit professeur de rhétorique
au Lycée des Cayes,
Rodolphe Claude école de médecine
Philippe Charlier école de droit,
Antoine Fethière école de médecine
Maurice Doret étudiant en Amérique
(génie civil)
1915|1916   Bertrand Cadozo aux Cayes
Coicou école de droit.

COLLÈGE LOUVERTURE

Simples notes en réponse aux questions de
M. Price Mars.

1) Le Collège Louverture est un établissement
d'enseignement secondaire moderne. Il n'y a
donc pas de classe de Philosophie.
Après la Seconde, il y a une Première classe.
A peine 6 élèves ont suivi depuis 10 ans les
cours de cette 1ère classe.

2) En général, les élèves laissent après la 4e. La
3ème n'a jamais plus ds 10 élèves, la Seconde
3, la 1ère 1 ou 2.

3) Grand déchet.

4) Oui.—

5, 6) Le Collège Louverture a été fondé en Octobre 1895.
Il a reçu de cette époque au 5 Mai 1917:
2.010 élèves.
Il a actuellement sur ses bancs 206 élèves.
Des 1804 qui restent 180 environ sont dans
d'autres établissements du pays ou de l'é-
tranger et 1624 ont abordé la lutte pour la
vie.

Les suivant de près, je suis arrivé à établir plus ou moins leurs divers genres d'occupation post-scolaire.

40 sont entrés à l'Ecole de droit dont plusieurs sont licenciés, 35 à l'Ecole de médecine, 105 ont abordé l'agriculture dont plus de 30 sont devenus des apiculteurs distingués, 145 sont dans le Commerce dont 23 comptables, 82 étudient la mécanique, 35 la reliure, 23 la pharmacie, 30 la marine, 55 l'art militaire, 125 cordonniers, 99 tailleurs, 77 typographes, 145 bureaucrates de l'Etat, 59 arpenteurs, 125 ont embrassé des industries diverses, 38 le notariat, 102 l'enseignement.

Les morts ou disparus sont environ au nombre de 154 et 170 anciens élèves sont sans profession.

Plusieurs ont siégé et siègent encore à la Chambre des Députés.

7) Ils laissent généralement à l'âge de 18, 19, 20 ans, quand ils font toutes leurs classes.

ECOLE SECONDAIRE DE GARÇONS DE PORT-AU-PRINCE.

Monsieur PRICE MARS,

Excusez-moi du retard que j'ai mis à répondre à votre lettre du 23 Mai écoulé. —

1o Combien d'élèves, m'avez-vous demandé, ont achevé complètement leurs études dans mon établissement depuis dix ans?

R. J'en compte à peu près douze.

2o Combien en comptez-vous qui se soient arrêtés en cours d'études des classes élémentaires aux classes supérieures depuis dix ans?

R. Le chiffre est énorme. Je crois pouvoir affirmer que 90 o|o de mes élèves quittent les classes avant d'achever leurs études.

Causes : D'abord ils abandonnent l'établissement
pour un autre collège et sans raison valable
et ensuite *la misère fait d'eux des ratés.*

3o Avez-vous remarqué un grand déchet avant
que vos élèves atteignent les cours supérieurs ?

R. Oui. Je vous ai dit plus haut que je perdais
90 o|o de mon effectif avant que mes élèves
atteignent les cours supérieurs. (la 1ère
classe).

4o Avez-vous suivi vos élèves dans la vie ?

R. Oui.

5o A quel genre d'activité sociale se livrent-
ils ?

R. Ils sont ingénieurs, instituteurs, avocats, député, commerçant.

6e Pouvez-vous citer des noms s'il n'y a pas d'indiscrétion à le faire ?

R. 1o Salomon Lindor fut Directeur d'école et
ensuite Magistrat communal de Léogane.

2o Léonidas Jean Louis fut avocat et ensuite
Magistrat communal de Petit-Goave.

3o Emile Chancy est ingénieur.

4o Charles Chancy est élève ingénieur et professeur de mathématiques à l'École Secondaire.

5o Elie Joseph Pierre est instituteur

6o Marcel Dorcé est commerçant.

7o Daniel Prudent fut député et exerce aujour-
d'hui la profession d'arpenteur.

8o Grégoire Obas fut étudiant en droit.

9o Eugène Rémy est professeur d'anglais.

10e Elie Fils-Aimé fut professeur.

Je crois que ces renseignements peuvent vous
donner satisfaction et vous prie de recevoir mes
salutations les plus empressées.

                              J. CHANCY.

LYCÉE NATIONAL DE PORT-AU-PRINCE.

62 élèves ont poursuivi leurs études jusqu'en Philosophie de 1906 à 1917. — Voici leurs noms:

1906-1907— Léon Alfred, Georges Alphonse, Rodolphe Charmant, Alphonse Gauthier, Moïse Pierre Louis, Lélio Vilgrain, Marion Manigat.

1907-1908— François Manigat, T. Agnant Louis Duplessis.

1908-1909— Pierre Agnant, Nicolas Alexis, Baptiste, Clément Bruno, Félix Courtois, A. Débrosse, A. Guillaume, Léon Laleau, Catts Pressoir, Léonce Biain.

1909-1910— Armand Fleury, Gesner Beauvoir, Sévigné Milord, Monbeleur, Christian Nicolas, Hector Paultre.

1910-1911— Daniès Thimothée, Albert Ethéart, Nélio Jn-Jacques, F. Valembrun.

1911-1912— Justin Champagne, C. Dorsainvil, Franck Narcisse, J. Raphaël, Louis Sanon.

1912-1913— Maurice Alfred, L. Ferrus, Louis Morpeau, L. Oscar, A. Pilier, C. Michaud.

1913-1914— Adalbert Dougé, Déjean, François Georges, Montlouis Léonard, Magny Manigat, Victor Mathurin, C. Poujol.

1914-1915— Maurice Buteau, Nelaton Camille, Henri Coiscou, Frédéric Duvignaud, V. Monbeleur, Christian Morpeau, Pinchinat.

1915 1916— Louis Edmond, Mather Gilles, L. Pressoir

1916-1917— Alphonse Casséus, Prosper Chrisphonte, Gabriel Élie, Borel Jean.

LYCÉE DU CAP-HAITIEN.

Monsieur,

J'ai l'avantage de vous accuser réception de votre lettre en date du 14 du courant. La plupart des questions que vous m'y avez posées, étant de celles qui nécessitent de longues et patientes recherches, je suis au grand regret de ne pouvoir, cette semaine, vous fournir les renseignements précis y rela-

EMILE ETIENNE. (1)

LYCÉE DE JACMEL.

Cher Monsieur,

Je regrette bien, ayant peu de temps à la direction du Lycée de cette ville, de ne pouvoir vous donner exactement les renseignements demandés sur les résultats obtenus par cet établissement depuis dix années conformément à votre honorée du 14 du courant.

A mon avis, l'un de mes prédécesseurs qui y a fourni une plus longue carrière, pourrait mieux vous satisfaire en l'occurence.

Mais il m'est fort agréable de vous certifier, en attendant que l'élite intellectuelle, en thèse générale, a été, ici, toujours presqu'exclusivement formée par notre Lycée depuis sa fondation qui remonte à l'année déjà lointaine de 1863, au grand avantage de l'important arrondissement de Jacmel tout entier.

Puisse votre prochaine conférence en question être, en tout cas, un éloquent plaidoyer, entr'autre, en faveur du maintien de la gratuité de l'Enseignement secondaire classique et moderne avec toute

---

1. Naturellement cette lettre fut la seule communication reçue.

l'amélioration nécessaire à son complet fonctionnement et à sa prospérité normale, en province particulièrement !

C'est dans cette pensée, cher Monsieur, que j'ai l'honneur de vous offrir l'assurance de mes salutations les plus distinguées.

Votre bien dévoué serviteur,

D' V: J^n-LOUIS.

LYCÉE DES CAYES.

Cher Monsieur Mars,

Je réponds avec plaisir à votre lettre du 14 de l'écoulé.

Pendant que j'étais inspecteur des écoles des Cayes, j'avais connu Pascal Fouxond (Côteaux) qui avait fait sa philosophie avec, comme professeur, Monsieur Ernest Douyon. Cet élève avait passé ici ses examens pour le certificat d'études (Rhétorique et Philosophie) Plus tard, Louis Casséus (Cayes) avait passé ici ses examens pour la première partie seulement (Rhétorique) et alla faire sa philosophie à Port-au-Prince.

Après Casséus, Anselme Augustin (Cayes) a passé ici ses examens pour la première partie seulement (rhétorique).

Ils sont nombreux ceux-là qui laissent après la troisième, et je puis même vous dire que le déchet commence à partir de cette classe. Maintenant que je suis directeur du lycée d'ici (ma direction ne date que de Mai 1915) je compte 18 élèves en 4e, 8 élèves en 3e, 4 élèves en Seconde et 3 élèves en Rhétorique.

Cela m'a toujours intéressé de suivre mes élèves dans la vie. Ainsi, je puis vous dire que Pascal Fourond et Louis Casséus, après leurs examens ont été admis à l'école de Médecine.

Fourond exerce à Port à-Piment.

Anselme Augustin est greffier au tribunal civil d'ici.

L'an dernier, après les examens de passage, 4 élèves de troisième ont quitté le Lycée : deux sont commis, le troisième professeur, le quatrième est allé travailler à Cuba.

Quatre élèves ont quitté après leur quatrième : le premier est commis le second aide son père dans une distillerie, le troisième travaille dans une imprimerie, le quatrième est employé au bureau télégraphique d'ici.

Un seul a quitté après sa cinquième et travaille dans une cordonnerie.

Quelques années avant Fourond, Casséus et Augustin, Guillaume Louis-Jacques (Saint Louis du Sud); Louis Tanis (Cayes) et Julien Chike (Cayes), tous trois élèves de Seconde, après avoi pris des répétitions de mathématiques de Monsiec Bertrand Bourjolly, avaient été admis à l'Ecole de Sciences appliquées.—

Louis-Jacques est à la tête d'une usine caféièr à Cavaillon,

Louis Tanis travaille comme ingénieur,

Chickel est professeur au Lycée et construit à l'heure actuelle sa troisième maison—

Je puis avec certitude vous dire que les élèves quittent entre 19 et 20 ans.—

Mes renseignements sont exacts et je souhaite que ma modeste contribution vous serve à quelques choses.

Veuillez agréer, cher Monsieur Mars, avec mon meilleur souvenir, l'expression de ma cordiale sympathie.

D. HALL.

ECOLE SECONDAIRE SPÉCIALE DE GARÇONS D'AQUIN

Cher Monsieur,

J'ai en ma possession votre intéressante lettre du 14 Avril courant, au contenu de laquelle j'ai certainement accordé ma meilleure attention; mais, j'y réponds en vous exprimant tout le regret que j'éprouve de ne pas pouvoir vous fournir les renseignements que vous me faites le plaisir de me demander, par la raison bien simple que ma Direction ne date que d'une année et demie.—

Cependant, s'il s'agit de mon établissement seulement, j'atteste que, à une époque un peu plus éloignée de celle dont il est question dans votre lettre précitée, il a fourni votre humble serviteur, Mr. Rodolphe Coulanges, ce dernier, actuellement substitut du Commissaire du Gouvernement de mon ressort et bien d'autres.—

C'était alors, sous la Direction de l'honorable Pierre Jones, mais on dirait que, en partant, cet instituteur émérite avait emporté avec lui l'âme de ce dit établissement puisque, en effet, tout dans la suite marche à reculons, jusqu'à la date enfin où les rênes m'en ont été confiées.— En ce moment, j'avoue, sans me flatter, que les parents des élèves vivent avec beaucoup d'espoir; d'où il suit: qu'à une prochaine occasion, vous serez avantageusement satisfait.

Dans cette conviction,

Je vous prie d'agréer mes respectueuses salutations.

BOSSUET DUPONT.

Congrégation des Sœurs de St-Joseph de Cluny

PORT-AU-PRINCE (HAITI).

Aperçu general d'une période décennale au Pensionnat Ste. Rose de Lima.

(1er 2ème 3ème et 4ème Cours.)
De 1905 06 à 1916-17

PENSIONNAT STE.-ROSE DE LIMA.

Liste des élèves ayant obtenu les titres universitaires durant une période décennale.

1905 06 BREVETS ELEMENTAIRES

Melles Renée Appollon, Marguerite Valcin, Jeanne Roy, Emma Barjon, Nelly Beautier, Carmélite Maximilien, Augusta Barrau.

BREVETS SUPÉRIEURS
Neant.

1906-07 BREVETS ELEMENTAIRES

Angéline Cordasco, Honorine Victor, Anita Pierre-Louis, Renée Chefdrue, Emilie Riboul, Méllé Volel. Lucie Elie.

BREVETS SUPERIEURS
Renée Appollon, Marguerite Valcin.

1907-08 BREVETS ELEMENTAIRES
Alice Gauthier, Normilia Czaykowski, Louise Brossard, Rosita Roc, Anne-Marie Lerebours, Francine Gauthier, Anita Wiss.

BREVETS SUPERIEURS

Lucie Elie, Angéline Cordasco.

1908-09   ### BREVETS ELEMENTAIRES

Henriette Jourdan (Externat)

BREVETS SUPERIEURS

Normilia Czaykowsky, Francine Ganthier.

1909-10   ### BREVETS ELEMENTAIRES

Clélia Alphonse. Jeanne Hollant. Mariette Michel, Lucine Lalane, Cécile Gardère.

BREVETS SUPERIEURS
Neant.

1910 11   ### BREVETS ÉLEMENTAIRES

Jeanne Volel, Antoinette Lacombe, Marguerite Pietersz, Pauline Bellande. Lily Ganthier, Emmeline Carriès, Agnès Dufanal, Yvonne Martelly.

BREVETS SUPERIEURS

Henriette Jourdan.

1911-12   ### BREVETS ELEMENTAIRES

Marie-Thérèse Barjon, Cornélie Massac, Léonie Smith.

BREVETS SUPÉRIEURS

Agnès Dufanal, Emmeline Carriès, Antoinette Lacombe, Yvonne Martelly. Lily Ganthier.

1912-13   ### BREVETS ÉLÉMENTAIRES

Clara Mac-Guffie, Renée Rochemont, Nella Craan, Maria Ganthier, Philomène Jardines.

BREVETS SUPERIEURS

Léonie Smith.

1913-14   BREVET ELEMENTAIRE

Anna Rousseau, Lélia Jourdan, Marcel Philisbourg, Renée Jean-Louis.

BREVET SUPERIEUR

Nella Craan.

1914 15   BREVET ELEMENTAIRE

Marie Morpeau, Gabélita Assard, Esther Jean-Louis, Lucie Jérôme, Andrée Bellande, Marie Pierre-Louis.

BREVET SUPERIEUR

Néant.

1915-16.   BREVET ELEMENTAIRE

Andrée St-Géraud, Armelle Télémaque, Yvonne Séaid, Amélie Jourdan, Berthe Volel.

BREVET SUPERIEUR

Marie Morpeau, Gabélita Assard, Esther Jean-Louis.

TOTAL : 58 BREVETS ELEMENTAIRES.

17 BREVETS SUPERIEURS.

Élèves qui ont fait leur Cours Super[er] 3ème Année ceinture blanche et leur Cours Complementaire ceinture multico-lore sans avoir subi les Examens of[els].

Première

Années	1905-06	Néant
»	1906-07	2
»	1907-08	5
»	1908-09	3
»	1909-10	8
»	1910-11	4
»	1911-12	4
»	1912-13	3
»	1913-14	3
»	1914-15	2
»	1915-16	8
	TOTAL :	41

Deuxième à   Ceinture rouge liserée Etudes incomplètes.

Seconde

Années	1905|06	9
»	1906|07	6
»	1907|08	7
»	1908|09	7
»	1909|10	3
»	1910|11	3
»	1911|12	14
»	1912|13	6
»	1913|14	5
»	1914|15	10
»	1915|16	12
	TOTAL :	82

1ÈRE ANNÉE   CEINTURE ROUGE.

Troisième

Années	1905,06	13
»	1906,07	15
»	1907,08	16
»	1908,09	11
»	1909,10	20
»	1910,11	8
»	1911,12	18
»	1912,13	12
»	1913,14	8
»	1914,15	14
»	1915,16	12

TOTAL : 147

COURS MOYEN   2ÈME ANNÉE

CEINTURE JAUNE LISERÉE.

Quatrième.

Années	1905,06	13
»	1906,07	4
»	1907,08	11
»	1908,09	12
»	1909,10	17
»	1910,11	5
»	1911,12	5
»	1912,13	7
»	1913,14	5
»	1914,15	5
»	1915,16	3

TOTAL : 87

C. Le déchet le plus marqué dans notre établissement se constate à la fin de la 1ère année du Cours Supérieur (3ème classe ceinture Rouge Unie.) La plupart des élèves tiennent à faire une année de cours supérieur après le cours moyen 2me année, 4ème classe. (ceinture jaune liserée)

Dans ce cours supérieur 1re année (ceinture rouge unie.) nous avons des éléments fort hétérogènes : 1o Élèves ayant en vue les examens officiels de 13, 14 ,15 ans.

2o Elèves peu soucieuses des Etudes et surtout peu aptes à l'obtention des diplômes de 14, 15,.16 et même 17 ans

3o Élèves de nos principaux centres d'Haïti ayant généralement fait leur cours moyen 2me année ceinture jaune liserée plus ou moins inaptes à l'exécution des programmes secondaires de 15, 16 et même 17 ans.

D. Nos élèves faisant partie de l'Association des Anciennes, soit à titre d'aspirantes jusqu'à leur majorité, soit à titre de membres actifs, conservent après leur départ de Sainte Rose de Lima, des relations amicales et empreintes d'une reconnaissance toute filiale avec leurs maîtresses et les autorités constituées Révérende Mère Supérieure, Principale et Sœur Directrice.

Elles sont heureuses de prendre nos conseils dans les circonstances difficiles, et nous font part de leurs joies comme de leurs peines. Nous les suivons dans leur vie d'adolescentes, et au sein de leurs foyers, quand elles se sont crée une famille. Peu faillissent au devoir, et, en général, nous conservent une confiance entière dans l'éducation de leurs enfants.

E Les élèves qui rentrent au foyer de famille se livrent, pour la plupart, à des travaux d'intérieur, secondent les parents ou les ainés dans l'œuvre de l'éducation et de l'instruction des plus jeunes,

_sont habiles dans les travaux de couture (les le-
çons du Pensionnat leur étant données bien régulièrement et d'une façon pratique,) elles épargnent
ainsi bien des dépenses à la famille en confection-
nant elles-mêmes les vêtements et le linge usuel,·
bon nombre aussi, par suite de circonstances ma-
lheureuses, gagnent leur vie et celle des leurs, en
donnant des leçons de musique ou de français,
voire même en s'adonnant à l'enseignement privé ,·
quelques unes ont la direction d'une école nationale et remplissent dignement leur mission, d'autres ont une petite colonie d'écoliers et d'écolières
dans la maison de famille, et sous la sauvegarde
des ainés ou des parents. Enfin bon nombre font
un commerce assez lucratif, afin de grossir assez le
pécule commun; et, parfois aussi, elles ont en
perspective une future situation, et préparent leur
trousseau avec le fruit de leurs travaux et de leurs
économies.

F Nos élèves quittent l'établissement à des âges
divers 14, 15, 16 et 17 ans. Ces départs sont généralement subordonnés à l'aisance des familles et
parfois aussi aux aptitudes des Elèves. Le point
d'honneur est là, bien vivace toujours, et quand
elles se rendent compte qu'elles ne peuvent tenir
un bon milieu dans nos classes supérieures, elles
mettent souvent en avant une raison quelque peu
plausible que l'on agrée volontiers et qui sauve la
situation. Toutefois, c'est la minorité qui agit de
la sorte, nos élèves sont heureuses de porter toutes
leurs ceintures, même sans contrôle officiel; et
nous quittent à regret.

PENSIONNAT NOTRE DAME DU SACRE-CŒUR.

Monsieur,

C'est bien volontiers que je réponds aux renseignements que vous m'avez demandés. Je me suis
bornée comme vous m'en laissiez d'ailleurs le loi-

sir, à une période de 8 ans, étant absente pendant les années 1907 et 1908,

Relativement aux question 1o., 2o. et 3o., j'ai établi, ce qui sera, je crois plus précis, le tout pour 100 de l'effectif.

I   De 1908 à 1916 21 élèves se sont présen-
     tées au Brevet élémentaire et 4 au Brevet
     supérieur. D'autres en plus grand nombre,
     6 o|o en moyenne, ont parcouru le pro-
     gramme des études secondaires jusqu'en
     première sans concourir pour l'obtention
     du diplôme.

II   Jusqu'en 5ème l'effectif se maintient à 80
     o/o de ce qu'il est en 9ème, mais à partir
     de la 5ème les sorties se chiffrent à 10 o|o
     par cours (pour les 4ème et 3ème) et à
     20 o|o de la Seconde à la Première.

III D'après ces données 40 o|o des élèves
     de 9ème poursuivraient leurs études jus-
     qu'en première et le déchet pourrait s'éva-
     luer à une moyenne de 60 o|o.

IV   Bon nombre d'anciennes élèves restent,
     par lettres ou visites en rapport avec l'éta-
     blissement; cependant cette correspon-
     dance est plus régulière parmi les élèves
     sorties des 1ers. cours.

V & VI Le genre d'activité le plus en vigueur
        est la couture; cependant quelques jeu-
        nes filles, avec ou sans diplôme, sont en-
        trées dans l'enseignement. De ce nombre
        sont Melles. Desce, Anna Noisette, à Pt-
        au Prince; Melle. Jeanne Ferrus directri-
        ce de l'école du Grand-Goâve a pour ad-
        jointe Melle Faublas; Melle Bertha Fidé-
        lia, adjointe à Bainet, Melle Prescilia Pa-
        caud à Hincue.

Mademoiselle Marcelle Rabeau munie
du diplôme 1er et 2e degré, a ensuite
suivi les cours de dactylographie et se
trouve, depuis peu, employée au ministère des travaux publics; 5 autres suivent
actuellement les cours de l'école normale, etc.

Ces données ne peuvent être d'ailleurs
que très incomplètes, faute de renseignements.

Il faut noter, en outre, les difficultés,
parfois très grandes, que rencontrent celles qui voudraient entrer dans l'enseignement, car à moins que le poste qui leur
est offert ne soit à la Capitale, elles allè-
guent les inconvénients d'un déplacement
et d'un séjour prolongé hors de la famille;
les ennuis des voyages etc.

Inconvénients qu'elles s'exagèrent peut-
être mais qui, en principe, existent pourtant.

VII   Les élèves quittent les classes à un âge
moyen de 17 à 18 ans.

On pourrait se demander comment avec
cette moyenne d'âge (plutôt élevée) si
peu d'élèves terminent complètement leurs
études. La cause première de cette lacune
est l'âge tardif auquel les enfants com-
mencent leurs classes. Les parents atten-
dent que l'enfant ait atteint sa 8e, 9e année et plus pour penser à le faire travailler sérieusement ; ajoutons à cet âge les
12 années qu'il faudra à l'élève pour par-
courir normalement les degrés de l'enseignement secondaire, ou seulement les 6 ou
7 que nécessite le cycle primaire et nous
nous expliquerons pourquoi tant d'élèves,
même intelligentes, restent en route.

Cependant, pour être juste, il me faut signaler un progrès notable de ce coté.

Ainsi l'effectif de la classe enfantine compte actuellement 60 élèves (depuis le presque bébé de 4 ans, qui apprend à lire sans lé savoir, jusqu'à la fillette de 7 ans) Cette même classe ne comptait que 30 élèves en 1914 et 21 en 1910 ; son effectif a plus que doublé en trois ans, quand celui des autres classes est resté à peu près constant ; c'est un progrès dont il est permis d'attendre d'ici quelques années les meilleurs résultats.

J'espère, Monsieur, que ces quelques notes vous satisferont ; puissent-elles contribuer pour leur minime part au succès de l'intéressante cause que vous défendez et pour laquelle je forme les meilleurs vœux.

Veuillez agréer, Monsieur, l'expression de mon entier dévouement.

La Supérieure,
Sr. MARIE-VICTOR DU S.-C.
Fille de la Sagesse.

ECOLES SUPERIEURES.

ÉCOLE DES SCIENCES APPLIQUÉES

Voici, mon cher Mars, les renseignements que vous me demandez par votre lettre du 23 d'un mois écoulé.

1· De Février 1902 — époque de sa fondation — à Juillet 1917, l'école a fourni 28 diplômés dont la plupart sont engagés dans tous les travaux que l'on effectue actuellement dans le pays.

C'est assez beau, je crois; mais voici qui ne l'est pas du tout :

2 Dans cet intervalle de quinze années, 20 jeunes gens régulièrement admis à l'Ecole, ont abandonné leurs études, les uns à la fin de la première année, les autres au cours de la deuxième.

3 Du rapprochement de ces deux faits, il y a une conclusion à tirer. Cette conclusion sera la réponse à votre 8e question. Je vous laisse le soin de dire dans quel sens elle doit être formulée.

Mille excuses pour le petit retard.

Cordialement,

H. ETHEART.

ECOLE DE DROIT.

Année		1ère	2ème	3ème	Obs.
1900	Etudiants inscrits	33	38	27	
	Admis aux examens	27	24	16	licenciés.
1906	Etudiants inscrits	15	22	23	il y a eu des ajournés.
	Admis aux examens	19	24	20	licenciés
1908	Etudiants inscrits	12	14	14	il y a eu des ajournés
	Admis aux examens	6	20	17	licenciés.

Année		1	2	3	
1909	Etudiants inscrits	10	19	15	il y a eu des ajournés
	Admis aux examens	15	16	18	licenciés.
1910	Etudiants inscrits	10	10	20	il y a eu des ajournés
	Admis aux examens	6	17	11	licenciés.
	Etudiants inscrits	13	5	8	Il y a eu des ajournés
	Admis aux examens	6	7	8	licenciés
1912	Etudiants inscrits	13	6	8	
	Admis aux examens	10	6	8	licenciés
1913	Etudiants inscrits	10	13	7	
	Admis aux axmens	10	13	4	licenciés
1914	Etudiants inscrits	20	10	15	
	Admis aux examens	12	9	12	licenciés
1915	Etudiants iuscrits	18	15	10	il y a eu des ajournés
	Admis aux examens	13	13	11	licenciés
1916	Etudiants inscrits	20	15	15	
	Admis aux examens	14	13	14	licenciés
1917	Etudiants inscrits	9	14	15	
	Admis aux examens	?	?	?	. . . .

Il est presque certain que tous les inscrits de cette année réussiront aux examens car ce sont des jeunes gens bien préparés au point de vue des études classiques et qui sont très assidus aux cours.

On peut sans crainte affirmer — car la part de l'erreur sera infinie — que le nombre d'admis égalera celui des inscrits.

Si vous constatez une diminution dans l'effectif des étudiants depuis ces dernières années, cela est dû d'abord à la situation économique qui empêche les parents de la province d'entretenir ces jeunes gens à la Capitale; beaucoup d'étudiants de Port-au-Prince, aux prises avec la lutte pour la vie, vont au plus pressé *quem quærens devoret*; en dernier lieu, depuis la loi de 1906 sur l'enseignement du Droit, l'accès de l'Ecole n'est pas aussi aussi facile; il n'est réservé qu'à ceux qui sont munis de certificats de fin d'études secondaires ; la porte est fermée aux faveurs et aux incapacités.

Quant à l'engouement pour les études juridiques, on le constate aussi ardent et aussi intense chez les étudiants qui ont les moyens ou la persévérance de continuer leurs études jusqu'au bout.

Recevez, cher Monsieur Mars, mes salutions bien sincères

C. BENOIT, av.

N. B. — Il est à remarquer que pendant dix ans (1906 à 1916) l'Ecole a préparé 148 licenciés ; à peu près une moyenne de 14 par an.

C. B.

ECOLE NATIONALE DE MEDECINE.

1o SECTION MEDECINE.— De 1907 à 1917 exclusivement la Direction a délivré 47 diplômes à des étudiants reçus médecins :

			Report :	29
1907	7		1912	7
1908	5		1913	3
1909	8		1914	2
1910	7		1915	4
1911	2		1916	2
Total	— 29		Total	— 47

Pendant le même laps de temps *vingt étudiants* ont abandonné les études.

20. *Section Art dentaire.*— De 1907 à 1917, sur 75 étudiants inscrits à cette section, 38 ont reçu leurs diplômes, 35 ont abandonné, 1 est mort avant le troisième examen et un autre parti pour achever ses études aux Etats-Unis.

Diplomés :

1907	0		Report :		13
1908	1		1913	9
1909	2		1914	3
1910	0		1915	2
1911	6		1916	7
1912	4		1917	4
Total :	— 13		Total .	— 38

3o. *Section Pharmacie.* — Sur *trente sept* inscrits *vingt-sept* ont été diplomés et dix ont abandonné les études.

Diplomés :

1907	6		Report :		17
1908	7		1912	2
1909	3		1913	0
1910	1		1914	3
1911	0		1915	3
Total :	— 17		1916	2
			Total :	— 27

4o. *Section Obstétrique.* — Sur *vingt quatre* inscrits *seize* étudiantes ont été reçues sages-femmes.

Diplomées :

1907	0		Report :		7
1908	4		1912	4
1909	0		1913	0
1910	2		1914	1
1911	1		1915	2
Total :	— 7		1916	2
			Total :	— 16

RECAPITULATION

	Dipl	ONT ABANDONNÉ	Nombre total des inscrits :	
Médecine	47	20	Diplomés	128
Art dentaire	38	35	Ont abandonné	73
Pharmacie	27	10	Mort	1
Obstétricue	16	8	Parti	1
Total	128	73	Total :	203

FIN.

Errata

Page		ligne	lisez :		au lieu de	
Page	1	20e ligne	lisez : déceler		au lieu de	décéler
«	5	16e »	»	à la	»	au la
«	5	30e »	»	ce furent	»	ce fut
«	5	38e »	»	environ	»	environu
«	11	30e »	»	prérogatives	»	préogatives
«	19	13e »	»	2	»	4
«	24	10e »	»	jetant	»	jettant
«	44	22e »	»	monnaie	»	monnaie
»	52	31e »	»	promouvoir	»	promouvoir à
«	68	30e »	»	donné	»	donner
»	75	34e »	»	original	»	originel
«	89	24e »	»	ou traitre	»	ou traitre
»	122	14e »	»	vraiment	»	vraiment
»	140	21e »	»	cossus	»	, cossues
»	153	20e »	»	essoufflants	»	essoufflants
«	169	30e »	»	qui en dérivent	»	qui derivent
«	171	28e »	»	muqueux	»	musqueux
«	175	18e »	»	la part	»	par
»	191	8e »	»	en des	»	un des
»	198	29e »	»	tribus	»	tribus
»	201	29e »	»	corps humain	»	genre humain

U

CPSIA information can be obtained
at www.ICGtesting.com
Printed in the USA
LVHW012117041119
636237LV00015B/665/P

9 780274 852659